基金资助：江西省社会科学基金项目（21YJ17）
江西省高校人文社会科学研究项目（JJ22232）

经济管理学术文库·管理类

环境分权管理对绿色经济与
可持续发展的影响效应与作用机制

The Effect and Mechanism of
Environmental Decentralization Management on
Green Economy and Sustainable Development

罗　斌／著

经济管理出版社
ECONOMY & MANAGEMENT PUBLISHING HOUSE

图书在版编目（CIP）数据

环境分权管理对绿色经济与可持续发展的影响效应与作用机制/罗斌著 . —北京：
经济管理出版社，2023.7
ISBN 978-7-5096-9149-6

Ⅰ.①环…　Ⅱ.①罗…　Ⅲ.①中国经济—绿色经济—经济可持续发展—研究
Ⅳ.①F124.5

中国国家版本馆 CIP 数据核字（2023）第 143117 号

组稿编辑：张巧梅
责任编辑：张巧梅
责任印制：黄章平
责任校对：蔡晓臻

出版发行：经济管理出版社
　　　　　（北京市海淀区北蜂窝 8 号中雅大厦 A 座 11 层　100038）
网　　　址：www. E-mp. com. cn
电　　　话：(010) 51915602
印　　　刷：唐山昊达印刷有限公司
经　　　销：新华书店
开　　　本：720mm×1000mm/16
印　　　张：13.5
字　　　数：205 千字
版　　　次：2023 年 9 月第 1 版　　2023 年 9 月第 1 次印刷
书　　　号：ISBN 978-7-5096-9149-6
定　　　价：88.00 元

· 版权所有　翻印必究 ·
凡购本社图书，如有印装错误，由本社发行部负责调换。
联系地址：北京市海淀区北蜂窝 8 号中雅大厦 11 层
电话：(010) 68022974　　邮编：100038

序　言

　　中国的改革和开放已走过四十多年，这是一段让国人物质生活产生剧烈变革的时代，也是中国经济学人观察、反思、成长最为活跃的时期。由于经济的快速发展，随之带来了生态环境困境和可持续发展问题，因此环境经济学成为经济学人研究的一个重大领域，且发展道路、发展模式、发展动因和特点等是受到最多关注的方面，诸如，发达地区经济如何实现可持续发展，并保持优势地位？落后地区经济如何走新型跨越式发展道路？等等。

　　同时，发展与环境规制方面的研究探索也得以深化。如何从源头入手解决发展与环境的冲突，提高产业自主创新能力，走新型工业化道路，构建经济与环境互利双赢、人与自然互利共生的发展态势，是实现经济发展模式的绿色转型的重要保障。

　　技术创新作为经济绿色发展的核心要素，环境生态规制鼓励通过技术创新赋能传统产业转型升级、培育新产业新业态新模式，引领、带动和提升发展的技术和效率水平。目前数字化、人工智能等手段赋能工业、产业发展，推进生态绿色发展以及促进发展生态文明等方面的研究比较热门。

　　另外，在我国环境管理制度建设文献方面，以介绍、评述和翻译国外研究成果居多，多是停留在研究环境管理制度对绿色发展的影响效应上，对于环境管理制度对绿色发展的影响机制研究尚显不足，尤其是理论基础研究并未引起足够的重视。

环境生态经济学以及环境管理制度建设是一项艰巨的、具有鲜明的理论创新和实践应用价值的重大工程。本书试图构建环境管理制度、技术创新和绿色发展的分析框架，并针对上述重要问题进行有益探索。作为理论和实践相结合的创新，书中还有很多值得进一步探索和完善的地方。但瑕不掩瑜，本书的出版对认识完善我国环境管理制度建设的意义，对了解我国环境管理制度建设的实践，以及对厘清我国经济绿色发展的思路具有现实意义，希望本书能服务于我国环境管理制度建设！

　　是为序。

隋广军

前　言

改革开放以来，我国经济一直保持中高速增长，年均增长率保持在 9% 左右。在经济增长的同时，以"高能耗、高污染、低效率"为特征的粗放型经济增长方式带来了严重的生态失衡和环境污染等问题。与之对应的是，我国仍处于并将长期处于中国特色社会主义初级阶段的基本国情不变，经济发展仍是摆在我国发展道路上的主要问题。在此背景下，我国急需通过转变经济发展方式，调整产业机构，实现经济与环境的协调发展，探索节约资源、环境友好的绿色经济与可持续发展道路。我国的绿色经济与可持续发展道路关键在于加强环境管理体系建设，完善环境管理制度，促使企业和地方政府采取更为积极有效的措施，将环境思维从"事后补救"向"事前警惕"转换。据此，本书以绿色经济与可持续发展为目标，使用绿色全要素生产率作为衡量绿色经济与可持续发展水平的指标，探究如何建设合理的环境管理体系促进效率优化。

现有围绕该主题的研究仍主要集中于单一视角的实证分析上，对环境分权管理、经济增长与环境保护的统一分析较少，研究结论尚不丰富，导致政策有效性不强。本书基于传统环境联邦主义理论、"波特假说"、"污染天堂假说"、内生经济增长理论以及增长极理论等，运用数理模型与博弈论、数据包络分析与计量经济等方法，通过理论模型和数理分析考察了环境分权管理对经济增长、企业创新产出、绿色经济与可持续发展的影响，并进一步构建环境分权管理、技术创新和绿色经济与可持续发展的分析框架,考察环境分权对绿色经济与可持续发展影响的作用机制。本书的研究内容主要包括以下方面:

第一,运用 Super-SBM 模型对 2008~2015 年绿色经济与可持续发展水平进行测度,并对绿色经济与可持续发展水平的特征趋势及非均衡特性进行深入分析。研究发现,当前我国经济发展存在以下特征:我国劳动冗员严重,经济发展方式亟待转变,以此来改善劳动力区域分布结构;环境治理任务依然严峻,要实现绿色经济与可持续发展,提高环境治理效率是重中之重;经济转型升级尚未完成,仍处于经济转型升级阵痛期,粗放型经济发展方式下的效率损失仍有待进一步修复;技术进步正在逐步成为绿色全要素生产率变化的主导因素;我国政府依然面临环境保护与经济增长的两难抉择,经济发展方式转型过程中存在结构性效率损失。

第二,先考察环境分权管理对绿色经济与可持续发展的影响,通过各环境部门分权管理进行补充说明;利用各省会城市经纬度数据,构建相应地理距离空间权重矩阵,考察环境分权管理的空间自相关性。在此基础上,运用空间 Durbin 模型和空间误差模型,考察空间溢出效应对绿色经济与可持续发展的影响。研究发现,在不考虑空间溢出效应下,环境分权管理、环境行政部门分权管理、环境监察部门分权管理均不利于技术进步,抑制了绿色经济与可持续发展;在考虑空间溢出效应下,这种抑制效应依然存在。

第三,先考察环境分权管理对经济增长的影响,通过各环境部门分权管理进行补充说明;利用各省会城市经纬度数据,构建相应地理距离空间权重矩阵,检验经济增长与环境分权管理的空间自相关性。在此基础上,运用空间 Durbin 模型和空间误差模型,考察空间溢出效应对经济增长的影响。研究发现,在不考虑空间溢出效应下,环境分权管理、环境行政部门分权管理、环境监察部门分权管理均会促进地区经济增长;在考虑空间溢出效应下,这种促进效应依然存在。

第四,首先,考察环境分权管理对企业创新产出的影响,通过各环境部门分权管理进行补充说明；其次，考察产权性质、盈利能力的调节效应；最后，研究环境分权管理对企业创新产出影响的内在机制。研究发现，环境分权管理会抑制企业创新产出，各环境部门分权管理也会抑制企业创新产出；企业国有产权性质会缓解抑制效应，盈利能力会加重这种抑制效应；环境分权管理会通过降低企业环境信息披露质量，进而抑制企业创新产出；当环境部门的事权超过特定值后，其分权管理才会降低企业环境信息披露质量，进而抑制企业创新产出。

目　录

1 绪论

1.1 研究背景及意义

1.1.1 研究背景

1.1.1.1 生态环境形势依然严峻，绿色经济与可持续发展道路势在必行

生态环境部公布的《2018 中国生态环境状况公报》显示，当前我国生态环境污染主要体现为：一是水环境质量总体一般。全国地表水监测的 1935 个水质断面（点位）中，Ⅳ～Ⅴ类比例为 22.3%，劣Ⅴ类比例为 6.7%[①]；黄河流域、松花江流域以及淮河流域呈轻度污染，海河流域与辽河流域则呈中度污染，大多为重工业化地区，说明我国粗放经济发展方式下的效率损失仍有待进一步修复；太湖、滇池流域水质为轻度污染，巢湖流域水质为中度污染；全国监测营养状态的 107 个湖泊（水库）中，轻度富营养状态的 25 个（占

[①] Ⅰ、Ⅱ类水质可用于饮用水源一级保护区、珍稀水生生物栖息地、鱼虾类产卵场、仔稚幼鱼的索饵场等；Ⅲ类水质可用于饮用水源二级保护区、鱼虾类越冬场、洄游通道、水产养殖区、游泳区；Ⅳ类水质可用于一般工业用水和人体非直接接触的娱乐用水；Ⅴ类水质可用于农业用水及一般景观用水；劣Ⅴ类水质除调节局部气候外，几乎无使用功能。

比 23.4%），中度富营养状态的 6 个（占比 5.6%）；全国 10168 个国家级地下水水质监测点中，较差级占比 70.7%，极差级占比 15.5%；全国 2833 处浅层地下水监测井水质总体较差，较差级占比 29.2%，极差级占比 46.9%。二是全国近岸海域水质不容乐观。全国监测的 417 个点位中，劣 Ⅳ 类比例 15.6%，与 2017 年持平；在全国沿海省份中，江苏、广东、天津、浙江和上海等省市近岸海域水质普遍较差；而 9 个重要河口海湾中，除北部湾和胶州湾外，其他近岸海域水质均不理想；453 个日排污水量大于 100 立方米的直排海污染源监测结果显示，污水排放总量约 866424 万吨、化学需氧量 147625 吨、石油类 457.6 吨、氨氮 6217 吨、总氮 50873 吨、总磷 1280 吨，部分直排海污染源排放汞、六价铬、铅和镉等污染物。三是大气污染亟待治理。全国 338 个地级及以上城市中，217 个城市环境空气质量超标，占 64.2%；全国 471 个监测降水城市（区、县）中，酸雨频率平均为 10.5%，出现酸雨的城市比例为 37.6%，比 2017 年上升 1.5 个百分点。四是全国土壤污染超标问题严重。全国土壤总的点位超标率为 16.1%；在调查的涉污用地的 5846 个土壤点位中，超标率达到 36.3%；在调查的 81 块工业废弃地的 775 个土壤点位中，超标点位占 34.9%；在调查的 146 家工业园区的 2523 个土壤点位中，超标点位占 29.4%[①]。

从我国的实际来看，改革开放的前 30 多年，我国经济一直保持高速增长，年均增长率维持在 9% 左右。在经济增长的同时，以 "高能耗、高污染、低效率" 为特征的粗放型经济增长方式带来了严重的生态失衡和环境污染等问题。图 1-1 为我国经济增长与能源消耗状况。据统计，2015 年我国生态破坏成本约为 0.63 万亿元，而污染损失成本更是高达 2 万亿元；分地区看，西部地区生态功能突出，环境污染损失相对较小，占全国比重仅为 21.7%，而东部环境污染损失占全国比重却高达 53.7%[②]。

---

① 资料来源：《土壤污染状况调查公报》。
② 资料来源：《中国经济生态生产总值核算发展报告 2018》。

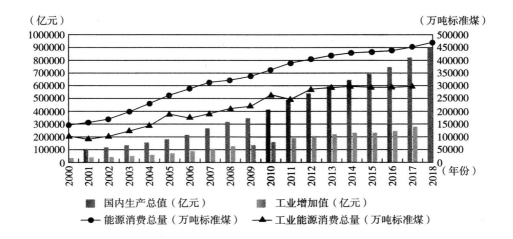

图 1-1　中国经济增长与能源消耗状况

资料来源：历年《中国统计年鉴》。

此外，**技术创新被认为是从根本上解决经济社会发展与生态环境之间矛盾的关键动力**，但长期以来，我国**技术创新结构存在较大问题**。分类型看，技术含量较高的发明专利占比不高，**授权率较低**。2019 年我国全年专利申请量和授权量分别为 438.1 万件、259.2 万件，其中发明专利分别为 140.1 万件、45.3 万件，占比分别为 31.98%、17.47%；发明专利授权率也仅为 32.33%，远低于发达国家水平①。

当前，我国环境问题依然严峻，**但政府也不能放弃经济增长的目标**，因为持续巩固拓展脱贫攻坚成果的任**务依然艰巨**。因此，在我国大力倡导生态文明建设的背景下，需要通过转变**经济发展方式**，调整产业机构，落实创新驱动发展战略，探索节约资源、保护环境的绿色经济与可持续发展道路。

1.1.1.2　经济发展不均衡增加转型升级难度，环境规制"治标"难"治本"

受限于历史自然条件与社会因素的制约，我国经济发展水平出现严重差

---

① 资料来源：《知识产权统计简报》（2019 年第 28 期）。

距。改革开放以来，由于实行"先富与共富"的经济发展政策，东部地区利用优越的地理位置和社会因素，使经济得到快速发展，成为了中国经济发展的中流砥柱；与之形成鲜明对比的是，中西部地区工业产业基础薄弱，第三产业与高科技产业发展缓慢，加之地理区位和社会因素的劣势，经济发展受到严重制约。此外，包括东部省份在内，出现了严重的省内区域发展不均衡现象。以江苏省为例，苏北地区 2015 年人均 GDP 为 55750 元，尚不及苏南地区 2008 年的人均 GDP（63850 元）；苏中地区情况稍好，其人均 GDP 与苏南地区之比，从 2008 年的 54.85% 逐年上升到 2015 年的 67.42%，但差距依然明显①。经济发展不均衡促使中西部地区愿意放松环境规制以承接东部地区污染产业的转移，增加了我国经济发展方式转型升级的难度，这种由于环境规制差异引致的企业迁移并没有改善我国的产业结构与环境质量，只是造成"污染西移"的局面。1997~2013 年中西部地区工业废水中的化学需氧量排放占全国比例由 55.2% 上升到 63.6%，工业废气中的二氧化硫排放量占全国比例也从 54.4% 上升到 64%，而工业固体废物排放量更是远远高于东部地区②。

此外，在环境分权管理体系下，落后地区有动机放松环境规制强度，承接领先地区转移出的污染产业，环境规制不能有效落实。这主要表现为由于监管手段的不完善、长期以来对粗放经济发展方式形成的路径依赖以及晋升机制与环境管理的契合度较低，我国环境规制在实际运行过程中长期存在"不完全执行"或"非完全遵守"的现象。随着中央加大环境治理力度，表现出坚定的治理决心，甚至不惜牺牲部分经济增速，我国主要污染物的总量排放得到一定程度的控制，但环境违法情况依然严重。2018 年，生态环境部分两批对河北等 20 个省份开展专项环保督察，发现群众身边环境问题超过 7 万起，严肃追究责任问题 122 个，通报批评案例达 103 起；全国执行行政处罚共计 18.6 万次，涉及金额 152.8 亿元，较 2017 年提高了 32 个百分点，约

---

① 资料来源：《江苏省统计年鉴》（2009~2016）。
② 资料来源：《中国环境年鉴》（1998~2014）。

为 2014 年的 4.8 倍；全国环境违法案件已超过 8000 件；各级人民法院共受理社会组织和检察机关提起的环境公益诉讼案件 1800 多件①。

1.1.1.3　生态环境效率提升空间仍较大，与发达国家相差甚远

我国自 1973 年正式介入环境保护领域以来，长期实行环境分权管理体系，收效往往不及预期。伴随生态环境的加剧恶化，中央环保部门开始增加人力、物力的投入，加大地区环境治理的督查和考核力度。党的十九大报告更是指出，要加大生态系统保护力度、改革生态环境监管体制，并提出构建"政府—企业—社会组织—公众联合参与"的环境管理体系。由此可见，中央政府已开始将环境有效管理提升到了前所未有的高度。然而，现实情况却是环境规制在各地方不能有效落实，导致环境保护与治理进度缓慢，污染问题愈演愈烈，这也说明当前我国生态环境效率低下，具有较大提升空间。根据耶鲁大学、哥伦比亚大学和世界经济论坛合作发布的世界环境绩效排名（Environmental Performance Index，EPI），2018 年我国的 EPI 得分仅为 50.74 分，在世界 180 个国家和地区中排名第 120 位。

此外，根据世界银行公布的最新环境社会与治理（ESG）的数据，我国 2017 年平均 PM2.5 浓度为 52.7 微克/立方米，尽管较 2016 年小幅下降 3.6 微克/立方米，但仍远高于发达国家水平，也高于世界平均水平，空气质量仍待提升，如图 1-2 所示。单位 GDP 能耗下降明显，2015 年中国单位 GDP 能耗为每万美元消耗 1961 吨标准煤，较 2014 年下降了 121 吨，能耗水平有所改善。但该水平仍远高于世界 1504 吨标准煤/万美元的平均水平，也高于中等收入国家水平，与发达国家相比差距更大，如图 1-3 所示。2016 年单位 GDP 碳排放继续改善，2016 年中国单位 GDP 碳排放为 0.519 千克/美元，较 2015 年显著下降了 8.9%，不过仍高于全球平均值 0.314 千克/美元②。

---

① 资料来源：《2018 中国生态环境状况公报》。
② 资料来源：民银智库发布的《中国与世界主要经济体发展对比启示及政策建议》（2018）。

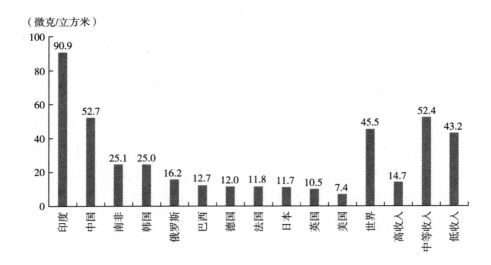

图 1-2 2017 年世界主要国家平均 PM2.5 浓度

资料来源：环境社会与治理（ESG）数据，世界银行（WDI）。

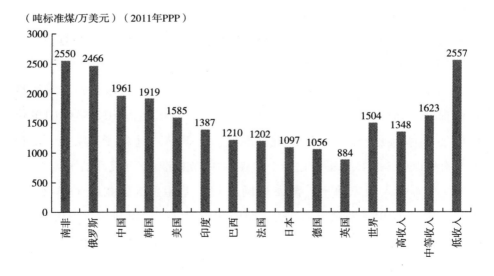

图 1-3 2015 年世界主要国家单位 GDP 能耗

资料来源：环境社会与治理（ESG）数据，世界银行（WDI）。利用国家统计局公布的单位能耗经过单位换算得到。

1.1.2 问题提出

基于上述背景,本书发现长期以来我国实行的都是环境分权管理体系,尽管经济得到高速增长,但也引发了严峻的环境问题。党的十九大报告指出,加快建立绿色生产和消费的法律制度和政策导向,建立健全绿色低碳循环发展的经济体系。但事实上,我国经济发展现实状况与之相去甚远。究其原因,粗放经济发展方式下形成的经济增长并不利于实现绿色经济与可持续发展,经济增长与环境保护依然是政府面临的两难抉择。"波特假说"认为,设计得当的环境规制可以促进技术创新,进而产生经济效应与环境效应。由此,本书考察环境分权管理对绿色经济与可持续发展的影响效应,并以技术创新为切入点,考察其内在作用机制。

据此,本书试图回答以下四个方面的基本问题:第一,我国及各地区绿色经济与可持续发展状况如何?呈现何种变化规律?是否存在空间异质性?形成原因是什么?第二,环境分权管理对绿色经济与可持续发展的影响效应如何?作用机理是什么?是否存在空间溢出效应?考虑可能存在的空间溢出效应,环境分权管理对绿色经济与可持续发展会产生何种影响?第三,环境分权管理对经济增长会产生何种影响?环境分权管理对经济增长的影响是否存在空间溢出效应?若考虑可能存在的空间溢出效应,环境分权管理会对经济增长产生何种影响?第四,环境分权管理对企业创新产出的影响效应如何?作用机理是什么?企业异质性会对影响效应产生何种扰动?

1.1.3 研究意义

1.1.3.1 理论意义

第一,构建了环境分权管理—技术创新—绿色经济与可持续发展的研究新框架,丰富了传统环境联邦主义理论的研究成果。本书研究发现,在环境分权管理体系下,存在经济增长和绿色经济与可持续发展相背离的现象。为探究其内在原因,本书基于传统环境联邦主义理论,以"波特假说"为切入点，研究环境分权管理、技术创新和绿色经济与可持续发展之间的内在联系，并在此基础上构建三者之间的分析框架，考察环境分权管理对绿色经济与可持续发展的影响效应与作用机制，丰富了环境管理领域的研究成果。

第二，阐释了地区间为增长而竞争的事实，丰富了传统环境联邦主义理论与增长极理论的研究成果。本书基于"唯 GDP 论"的晋升机制，阐释了在环境分权管理体系下，地方政府"为增长而竞争"的现象，为传统环境联邦主义理论在我国的适用性提供了经验证据，即环境分权管理体系下，地区间经济竞争会导致环境规制"逐底竞争"，因此为实现绿色经济与可持续发展，应建立并完善环境集权管理体系。在此基础上，考察空间溢出效应，比较地区间回波效应与扩散效应的强弱，丰富了增长极理论的研究成果。

第三，将环境分权管理对技术创新影响效应与作用机制的实证研究向微观层面推进。本书从微观层面，考察了环境分权管理对企业创新产出的影响效应。由于环境信息披露制度的不完善，企业所发生的环境事项、对外部带来的影响及企业的环境治理存在难以量化的问题，对实证研究环境分权管理影响企业创新产出的作用机制造成了不便。本书以企业年度环境信息披露次数衡量企业环境信息披露质量，反映企业受政府环境规制的实际影响，为实证研究环境分权管理对企业创新产出的影响机制提供了新方法，将环境分权管理影响技术创新作用机制的实证研究拓展至微观层面，丰富了环境管理领域的研究成果。

1.1.3.2 现实意义

第一，对实现绿色经济与可持续发展具有指导意义。本书测算了 2008～2015 年中国各地区的绿色经济与可持续发展水平，更清晰地观察了经济发展过程中的生态效率损失，更准确地把握了绿色经济与可持续发展的变化规律与区域差异。从理论和实证角度论证分析了环境分权管理对绿色经济与可持续发展的影响效应与内在作用机制，为政府推进绿色经济与可持续发展建设提供科学有效的政策建议，从而促使中国经济沿着资源节约、环境友好的方向发展。

第二，为改善地方政府环境策略抉择提供新思路。地方政府作为环境规制政策的具体执行者，充当着协调环境管理宏观目标与微观经济主体切身利益的角色。环境管理涉及技术、管理制度与政策制定三个主要层面，政策制定所涉及的都是最为根本性的问题，而管理制度是保障政策有效实施的关键。在环境分权管理体系下，环境管理不应再作为一个整体被研究，所涉及的行政、监察、监测和执法等环境事务分权管理都将影响环境管理效率，本书探讨环境分权管理和各环境部门分权管理对经济增长、企业创新产出以及绿色经济与可持续发展的影响，为完善生态环境监管机制和地方政府治污激励机制提供科学有效的政策建议，从而提高环境管理效率、引导地方政府合理竞争。

第三，为完善环境信息披露制度提供经验证据。环境信息公开是解决环境问题的关键，及时充分的环境信息披露能够督促企业和地方政府采取更为积极有效的措施，将环境思维从"事后补救"向"事前警惕"转换。而环境信息披露质量降低会凸显企业与银行等投融资机构之间存在的信息不对称问题，给企业融资带来巨大困难，资金短缺使得企业无力进行技术创新。本书考察环境分权管理对企业创新产出的影响效应，并研究环境信息披露质量的中介效应以及作用机制，为完善环境信息披露制度提供科学有效的政策建议，从而缓解企业与银行等投融资机构之间存在的信息不对称问题，解决企业的融资约束难题。

1.2　主要概念界定与内涵

1.2.1　环境分权管理

1.2.1.1　环境分权管理的定义

环境分权管理是基于环境联邦主义理论提出的，而从某种意义上说，环境联邦主义理论与财政联邦主义理论联系密切。Qian 和 Weingast（1997）较早研究联邦主义理论在中国的适用性，而提出"中国式分权"的概念，即中央政府对地方政府实行在经济上分权、在政治上集权的制度安排。在经济领域分权是指自分税制改革后，中央政府给予地方政府一定财政自主权，调动地方政府和企业积极性；在政治领域集权是指实行垂直化管理体制，中央政府对地方官员的晋升考核拥有绝对的权力，尤其是分税制改革后，以 GDP 为主的考核激励机制确立并形成了"增长型政府"经济发展方式。但事实上，我国分税制改革并不彻底，主要表现为财权上移与人事权下移，地方政府在环境事务管理上拥有较大的自由裁量权（李萱等，2012）。也就是说，在这个制度安排下，如果环境问题游离于晋升机制考核体系之外，我国的环境管理将处于完全分权状态。祁毓等（2014）最早提出"环境分权"的概念，认为我国环境管理的无效率与以过度分权为主的管理体系高度相关，对环境分权管理体系的改革迫在眉睫。此后，大量文献开始研究环境分权管理的影响效应（李光龙和周云蕾，2019；陆凤芝和杨浩昌，2019；李国祥和张伟，2019；宋妍等，2020）。根据分税制改革后环境人事权和财权的分配变化与特征，本书认为环境分权管理是指在政治领域集权，在环境事务管理过程中给予地方政府较大自由裁量权，即环境分权管理水平反映的是中国特殊体制下，根据地方政府自由裁量权差异形成的环境管理的空间分布特征。

1.2.1.2 环境分权管理的测度方法

随着环境管理体系建设的逐步推进，根据日常环境事务管理需要，我国共设置了以下环境管理部门，具体包括环境行政部门、环境监察部门、环境监测部门、环境科研部门、环境宣教部门、环境信息服务部门以及其他。由于尚未有权威机构公布环境分权管理水平的相关数据，本书借鉴祁毓等（2014）的做法，运用不同层级环境部门人员的分布特征反映环境分权管理水平，为进一步缓解可能存在的内生性问题，采用 $[1-(GDP_{it}/GDP_t)]$ 对所有的分权指标进行平减。即本书选用地区环境部门省级、国家级合计人员规模占全国比重与地区人口占全国比重之比，并经 $[1-(GDP_{it}/GDP_t)]$ 进行平减，得到环境分权管理水平，用 ED 表示。此外，为了使研究结果更加稳健，本章采用相同测算方法分别测算环境行政部门、环境监察部门以及环境监测部门的管理分权水平，并采用环境行政分权（EAD）、环境监察分权（EMD）以及环境监测分权（ESD）作为环境分权管理的其他度量方法进行实证研究，作为对环境分权管理影响效应的补充说明。具体测算公式如下：

$$ED_{it} = \frac{EP_{it}/PEO_{it}}{GPP_t/PEO_t}[\,1-(GDP_{it}/GDP_t)\,] \qquad (1-1)$$

$$EAD_{it} = \frac{EAP_{it}/PEO_{it}}{GEAP_t/PEO_t}[\,1-(GDP_{it}/GDP_t)\,] \qquad (1-2)$$

$$EMD_{it} = \frac{EMP_{it}/PEO_{it}}{GEMP_t/PEO_t}[\,1-(GDP_{it}/GDP_t)\,] \qquad (1-3)$$

$$ESD_{it} = \frac{ESP_{it}/PEO_{it}}{GESP_t/PEO_t}[\,1-(GDP_{it}/GDP_t)\,] \qquad (1-4)$$

其中，EP_{it}、EAP_{it}、EMP_{it}、ESP_{it} 分别代表第 i 省第 t 年环境部门省级和国家级合计人员规模、环境行政部门人员规模、环境监察部门人员规模、环境监测部门人员规模；GPP_t、$GEAP_t$、$GEMP_t$、$GESP_t$ 分别代表第 t 年全国环境部门省级和国家级合计人员规模、全国环境行政部门人员规模、全国环境监察部门人员规模、全国环境监测部门人员规模；PEO_{it} 代表第 i 省第 t 年人口总规模；PEO_t 代表第 t 年全国人口总规模；GDP_{it} 代表第 i 省第 t 年国内生产总值；GDP_t 代表第 t 年全国国内生产总值。

1.2.2 绿色经济与可持续发展

1.2.2.1 绿色经济与可持续发展的定义

世界可持续发展工商理事会（WBCSD）基于经济与环境双视角，提出生态效率的概念，或称为绿色全要素生产率，即以消耗较少的资源和产生较少的污染，而产出较多的产品和服务（Hinterberger 等，2000）。时任金砖国家新开发银行副行长、首席运营官祝宪在首届绿色技术银行高峰论坛（2018）中提出，绿色发展是实现可持续发展具有操作性的抓手，其本质是将环境制约转化为推动社会、经济、环境三方面可持续发展。因此，若只研究绿色经济则忽略了代际发展间的均衡，若只研究可持续发展则不能突出生态的重要性。本书从自然属性、社会属性、经济属性和制度属性等多个不同的视角对绿色经济与可持续发展的内涵进行了界定，以考察环境分权管理对绿色经济与可持续发展的影响。

基于自然属性视角，绿色经济与可持续发展是指保护和加强环境系统的生产和更新能力的经济发展模式（Munasinghe 和 Shearer，1995）。基于社会属性视角，绿色经济与可持续发展是指在生态系统承载能力范围内，通过科学配置和合理开发自然资源，提高人们生活质量的发展过程①。基于经济属性视角，绿色经济与可持续发展是指兼顾环境质量前提下，追求最大限度经济增长的发展过程（Barbier，1989）。基于制度属性视角，绿色经济与可持续发展是通过将非正式制度的社会规范转化为正式制度的法律规范，从而改善经济社会运行效率的发展模式。总体来说，绿色经济与可持续发展可视为通过制度体系的建立与实施，实现自然资源的合理利用，使生态破坏与环境污染得到控制，保障经济、社会、生态协调的发展过程。

目前，有关绿色经济与可持续发展的定义尚未达成统一共识。本书基于环境分权管理视角，将绿色经济与可持续发展定义为：设计得当的环境管理体系下，市场经济、生态系统以及社会各利益相关主体自然运行的发展过程。

1.2.2.2 绿色经济与可持续发展的内容

基于绿色经济与可持续发展的定义，绿色经济与可持续发展内容主要包括经济可持续、生态可持续、社会可持续和制度可持续四个方面。其中，经济可持续追求经济与环境的协调发展、长期利益与短期利益高度统一，反对经济发展过程中过分重视数量型增长，而忽略了质量型增长；生态可持续强调生态系统在经济社会发展中的重要性，是实现绿色经济与可持续发展的重要支撑；社会可持续追求代际发展的公平公正与社会的文明进步；鉴于历史

---

① 资料来源：《保护地球——可持续性生存战略》（1991），由世界自然保护同盟（IUCN）、联合国环境规划署（UNEP）和世界自然基金会（WWF）共同编写。

上许多环境与发展不协调的问题都是由于决策与管理不当造成的，制度可持续追求决策与管理能力的提高。由此可见，绿色经济与可持续发展就是经济效益、生态效益、社会效益与制度效益的有机统一。

1.2.2.3 绿色经济与可持续发展水平的测度

1992 年的里约地球峰会上，世界可持续发展工商理事会（WBCSD）基于生态效率的概念，给出了绿色全要素生产率的理论含义，以测度绿色经济与可持续发展水平：

$$\text{生态效率/绿色经济与可持续发展} = \frac{\text{产品或服务的价值}}{\text{生态环境负荷}} \tag{1-5}$$

由此可见，绿色经济与可持续发展水平可视为生产过程中牺牲一单位生态环境所能创造的价值。因此，提高绿色经济与可持续发展水平，即在不加重环境负荷前提条件下，维持或增加经济活动所创造的价值，提高社会福利水平。

"产品或服务价值"主要是指市场价值，常用的测度指标包括地区生产总值或增加值；"生态环境负荷"则包含资源消耗与污染排放（Sturm 等，2004）。其中，资源消耗可以采用各种资源投入衡量，包括煤炭、电力等能源投入；污染排放则可以用各种污染物的排放量衡量，主要包括二氧化硫、化学需氧量、氨氮和氮氧化物。为了方便后文数理分析，上述测度方法可表述为：

$$GTFP = \frac{\sum_i \alpha_i y_i}{\sum_j \beta_j x_j} \tag{1-6}$$

其中，$GTFP$ 代表绿色经济与可持续发展水平，$\sum_i \alpha_i y_i$ 代表产品或服务的总价值，y_i 代表第 i 种产品或服务的价值，α_i 代表其相应的权重，$\sum_j \beta_j x_j$ 代表生态环境负荷，x_j 代表第 j 种资源消耗或者污染排放的数量，β_j 代表其相应的权重。

1.3 研究内容与方法

1.3.1 研究内容

本书基于传统环境联邦主义理论，以"波特假说"、"污染天堂假说"、内生经济增长理论以及增长极理论为基础，以绿色全要素生产率反映绿色经济与可持续发展的状况，考察环境分权管理对绿色经济与可持续发展的影响效应和作用机制。为回答上述四方面的问题，本书主体研究主要包含以下四方面内容：首先，从理论角度分别通过政府间环境策略博弈分析考察环境分权管理对经济增长的影响、通过技术创新路径分析考察环境分权管理对企业创新产出的影响、通过解析绿色经济与可持续发展测度方法考察环境分权管理对绿色经济与可持续发展的影响；构建环境分权管理、技术创新和绿色经济与可持续发展的分析框架。其次，本书以绿色全要素生产率作为反映绿色经济与可持续发展水平的测度指标，以无效率值作为反映生产效率的测度指标，系统性地展示其实际状况，并进一步对其分解以剖析其空间分布特征和演变规律；在此基础上，本书考察环境分权管理对绿色经济与可持续发展的影响，并考察其空间溢出效应。再次，本书对环境分权管理影响经济增长进行实证检验，并考察其空间溢出效应。最后，本书对环境分权管理影响企业创新产出进行实证检验，并考察其影响途径与作用机制。本书共9章，具体内容与结构安排如下：

第1章为绪论。绪论包括选题背景与研究意义、主要概念界定与内涵、研究内容与方法、研究难点与创新四部分。

第2章为理论基础与文献综述。首先，对本书所涉及的基础理论进行简述；其次，对绿色经济与可持续发展的实现路径、环境规制对绿色经济与可持续发展的影响、环境分权管理的影响效应等研究成果进行总结归纳；最后，综合评述了环境分权管理影响效应研究中存在的不足之处。

第 3 章为环境管理体系建设的演进轨迹与特征。首先，总结归纳环境管理体系建设的发展阶段；其次，梳理当前环境管理体系的组织结构与职能划分；最后，比较与以美国、德国、日本为代表的发达国家环境管理体系的差异，总结发达国家环境管理体系的建设过程中可供借鉴与吸收的经验。

第 4 章为理论模型与机制分析。首先，通过进行政府间环境策略博弈分析，考察环境分权管理对地区经济增长的影响，说明环境分权管理、环境规制与经济增长之间的联系；其次，在技术创新模型中，引入环境分权管理变量，对技术创新路径进行分析，考察环境分权管理对与企业创新产出的影响，说明环境分权管理、环境规制与企业创新产出之间的联系；最后，以绿色全要素生产率衡量绿色经济与可持续发展水平，基于世界可持续发展工商理事会（WBCSD）提出的绿色全要素生产率测度方法，考察环境分权管理对绿色经济与可持续发展的影响，说明环境分权管理、技术创新和绿色经济与可持续发展之间的联系。在此基础上，本章将构建环境分权管理、技术创新和绿色经济与可持续发展的分析框架，并进一步通过理论分析得出相应命题。

第 5 章为绿色经济与可持续发展水平的测算。本章以生态效率为切入点，对测度指标和测度方法进行综述和说明后，以中国 30 个省级行政区（西藏和港澳台地区除外）为研究对象，采用 Super-SBM 模型测度 2008~2015 年全国及各地区的生产效率与绿色全要素生产率，以反映绿色经济与可持续发展状况，并研究其变化规律与地区差异。此外，本章进一步将生产效率按各投入产出指标进行分解、将绿色全要素生产率按技术效率与技术进步分解，解释绿色经济与可持续发展状况、地区差异及变化规律的原因。笔者考虑到尚无权威机构公布资本存量的数据，借鉴现有文献，本章还重新估算了 2007~2015 年资本存量数据。

第 6 章为环境分权管理和绿色经济与可持续发展。基于环境分权管理、技术创新和绿色经济与可持续发展的分析框架，考察环境分权管理对绿色经济与可持续发展的影响效应与作用机制。首先，选取 2008~2015 年省级面板数据，以绿色全要素生产率衡量绿色经济与可持续发展水平，构建环境分权管理与绿色全要素生产率的基准线性模型，考察不考虑空间溢出效应时，环境分权管理对绿色经济与可持续发展的影响；其次，通过全局 Moran's I 指数，进行环境分权管理各变量的空间自相关检验，考察环境分权管理是否存在空间溢出效应；最后，通过空间 Durbin 模型、空间误差模型进行空间溢出效应分析，分别考察了邻近地区绿色经济与可持续发展水平、环境分权管理水平、不可测因素对本地区绿色经济与可持续发展水平的影响。在此基础上，进一步论述环境分权管理影响技术进步，进而影响绿色经济与可持续发展的作用机制。

第 7 章为环境分权管理与经济增长。本章基于环境分权管理体系下地方政府为经济增长而竞争的事实，考察在不考虑环境因素影响下，环境分权管理对经济增长的影响效应。首先，选取 2008~2015 年省级面板数据，构建环境分权管理与经济增长的基准线性模型，考察不考虑空间溢出效应时，环境分权管理对经济增长的影响；其次，通过全局 Moran's I 指数，检验环境分权管理、经济增长的空间自相关性；最后，通过空间 Durbin 模型、空间误差模型进行空间溢出效应分析，分别考察了邻近地区经济增长水平、环境分权管理水平、不可测因素对本地区经济增长水平的影响。

第 8 章为环境分权管理与企业创新产出。本章以传统环境联邦主义理论为基础，基于"波特假说"研究思路，考察环境分权管理对企业创新产出的影响，并研究其内在作用机制。首先，选取 2008~2015 年 A 股上市公司为初始样本，经过初步筛选后，并通过构建环境分权管理与企业创新产出的基准线性模型，考察环境分权管理对企业创新产出的影响；其次，通过构建环境分权管理与产权性质、盈利能力的交互项，引入基准线性模型，考察企业产权性质、盈利能力的调节效应；最后，以企业年度环境信息披露次数衡量环境信息披露质量，反映企业受到环境规制实际的影响，考察环境分权管理通过影响企业环境信息披露质量，进而影响企业创新产出的作用机制。

第 9 章为研究结论、政策建议和展望。总结前文理论分析与实证研究，得出相应研究结论，基于环境管理体系建设的视角，提出有利于提升环境管理效率、实现绿色经济与可持续发展的一些政策建议，并围绕环境分权管理对绿色经济与可持续发展影响的进一步研究方向进行说明。

本书的技术路线如图 1-4 所示。

1.3.2 研究方法

本书主要采用定性描述和定量分析、规范研究和实证研究相结合的方法，对环境分权管理、技术创新和绿色经济与可持续发展之间的联系进行了较为深入的研究。

（1）采用交叉学科的综合分析方法。基于制度经济学、环境经济学、公共经济学、技术创新理论等多学科的内容，以提升环境管理效率、推进环境管理体系建设，实现绿色经济与可持续发展为研究目标，基于对环境分权管理的影响效应分析，探讨其对经济增长、企业创新产出以及绿色经济与可持续发展的影响途径和机制。

（2）采用模型和博弈论的理论分析方法。本书基于环境分权管理、经济增长与环境保护的分析框架，旨在构建环境分权管理、技术创新和绿色经济与可持续发展的研究框架，考察环境分权管理对绿色经济与可持续发展的影响。"波特假说"认为，设计得当的环境规制会促进技术创新，进而改善环境绩效与经济绩效（Porter 和 Van der Linde，1995）。首先，本书通过进行政府间环境策略博弈分析，考察环境分权管理对经济增长的影响；其次，通过技术创新模型对创新路径进行分析，考察环境分权管理对企业创新产出的影响；最后，以绿色全要素生产率衡量绿色经济与可持续发展水平，基于绿色全要素生产率的数理测度，考察环境分权管理对绿色经济与可持续发展的影响。在此基础上，进一步构建环境分权管理、技术创新和绿色经济与可持续发展的分析框架。

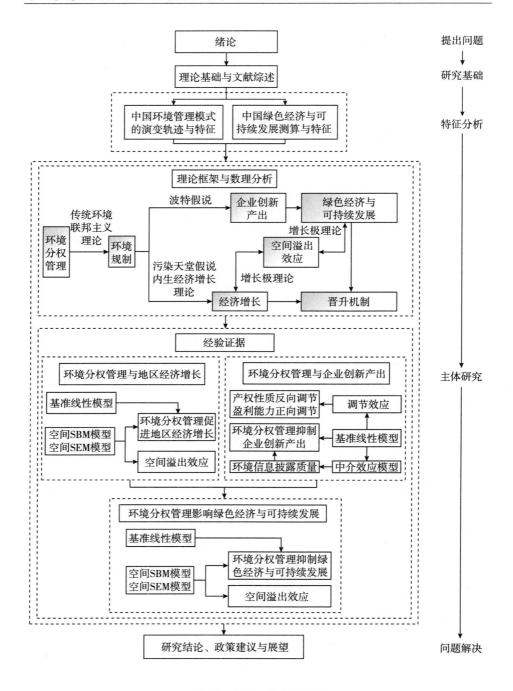

图1-4 本书的技术路线图

（3）采用中介效应模型、数据包络分析和空间计量模型的实证分析方法。中介效应模型：以企业环境信息披露质量作为中介变量，考察环境分权管理影响企业环境信息披露质量，进而影响企业创新产出的作用机理。数据包络分析：以2007~2015年省级面板数据为依据，采用Super-SBM模型测算绿色全要素生产率和无效率值，并进一步将无效率值按各投入产出指标进行分解、将绿色全要素生产率按技术效率与技术进步分解，解释绿色经济与可持续发展状况、地区差异及变化规律的原因。空间计量模型：以2008~2015年省级面板数据为依据，采用全局Moran's I指数、空间Durbin模型和空间误差模型，研究环境分权管理对经济增长、绿色经济与可持续发展的空间溢出效应。

1.4 研究难点与创新

1.4.1 研究难点

（1）绿色经济与可持续发展水平的测算问题。本书拟以绿色全要素生产率衡量绿色经济与可持续发展状况，以此反映区域经济增长和生态环境协调发展程度。由于测度方法和指标选取的不同，现有研究有关绿色全要素生产率的结果不尽相同。因此，本书的难点之一是，如何完善投入产出指标的选取、选择符合中国国情的绿色全要素生产率测算方法，以得到准确的绿色全要素生产率测算结果。

（2）环境分权管理的量化问题。本书通过梳理国内外的文献，运用不同层级环境部门人员的分布特征反映环境分权管理水平（祁毓等，2014）。本书的难点之二是，在具体分析我国环境问题时，如何基于环境管理体系的构成与特点，分析当前我国环境管理制度，并将其量化为环境分权管理的代理变量进行实证回归分析。

（3）环境分权管理的内生性问题。考虑环境分权管理对绿色经济与可持续发展影响可能存在的内生性问题，在实证回归分析中，如何寻找合理有效的工具变量，以控制环境分权管理与绿色全要素生产率的内生性，从而得到稳健一致的估计结论，是本书的第三难点。

1.4.2 研究创新

1.4.2.1 研究视角

传统研究基于环境分权管理、经济增长与环境保护的分析框架，只考察了环境分权管理对绿色经济与可持续发展的影响效应，并未对其作用机制进行进一步研究。究其原因，在于现有文献忽视了技术创新会同时改善经济绩效与环境绩效，仅从经济绩效视角考察环境分权管理对经济增长的影响或从环境绩效视角考察环境分权管理对绿色经济与可持续发展的影响，所得研究结论不能有效解释环境分权管理对绿色经济与可持续发展的作用机制。基于传统环境联邦主义理论与"波特假说"，环境分权管理会增加环境规制设计难度，设计不当的环境规制会抑制企业创新产出，造成环境效率和经济效率的损失，即在此背景下通过粗放经济发展方式产生的经济增长是不能促进绿色经济与可持续发展的。也就是说，传统研究的分析框架并不适用于探究环境分权管理对绿色经济与可持续发展的作用机制。基于此，本书构建环境分权管理、技术创新和绿色经济与可持续发展的研究框架，考察环境分权管理对绿色经济与可持续发展的影响效应与作用机制，以期得出一部分一般性的结论。此外，考虑数据可得性，在新的分析框架下便于将研究向微观层面推进，提供科学有效的政策建议以提高环境管理效率，促进中国经济沿着资源节约型、环境友好型的方向发展。

1.4.2.2 研究内容

第一，研究环境分权管理中存在的空间溢出效应，弥补现有研究的不足。虽然已有学者从定性角度考察了环境分权管理的影响效应，然而鲜有文献基于非均衡发展的现实状况，深度剖析环境分权管理中存在的空间溢出效应。本书以增长极理论为依据，分析在经济竞争和晋升机制影响下的地方政府环境策略抉择，考察环境分权管理在经济与环境层面存在的空间溢出效应，进而从理论和实证角度探究空间溢出效应对绿色经济与可持续发展的影响，解决现有研究因忽视空间溢出效应而造成研究结论可靠性不足的问题。

第二，阐释环境分权管理与企业创新产出的内在影响机制。由于环境信息披露制度的不完善，企业所发生的环境事项、对外部带来的影响及企业的环境治理的定量研究成果并不丰富，造成创新补偿效应与成本增加效应的量化不变，增加了现有研究成果量化环境规制对企业实际影响的难度。基于此，本书根据合法性理论和利益相关者理论，采用环境信息披露质量衡量企业受到的环境监督压力，反映环境规制政策工具的执行效果，考察环境分权管理影响企业环境信息披露质量并进而影响企业创新产出的作用机制，将环境分权管理对技术创新影响的研究从宏观层面引向微观层面，弥补了现有研究的不足。

1.4.2.3 研究方法

第一，完善了绿色全要素生产率的测算。本书总结归纳了现有研究成果关于基期资本存量、折旧率、当期投资、当期固定资产投资价格指数的优劣，选取样本初始年份资本存量作为基期资本存量、选取 10.9% 作为折旧率、选取固定资本形成额作为当期投资、根据相应年份《中国统计年鉴》确定当期固定资产投资价格指数，重新测算了资本存量。根据"十二五"规划纲要中污染物总量控制规划，选取二氧化硫、化学需氧量以及氨氮作为非期望产出，通过 Super-SBM 模型重新测算了绿色全要素生产率和生产效率，相较于以往的研究成果，研究结论的经验证据更为充分。

第二，使用中介效应检验方法验证环境分权管理对企业创新产出的内在作用机制。本书基于中介效应检验流程（温忠麟等，2004），同时采用 Sobel 方法和 Bootstrap 方法进行抽样，使研究结论更可靠。

2 理论基础与文献综述

2.1 理论基础

2.1.1 传统环境联邦主义理论

自 20 世纪六七十年代环境联邦主义理论兴起，对其进行的经验研究也受到学术界的追捧，主要集中于一国的环境规制应该是集权还是分权，围绕这个焦点问题展开讨论。以 Swewart 为代表的传统环境联邦主义理论主张，环境规制绩效的提高依赖联邦法律的制定和执行能力，需要强有力的中央政府，因此环境规制应采取集权化管理。换句话说，全国各地区的环境事权应收归中央政府统一管理，设立全国统一的环境标准，地方政府只是起到执行中央命令的作用。传统环境联邦主义理论主张环境集权管理，以克服地方政府因经济竞争而降低环境规制标准的问题，这样做的好处在于：①有利于解决环境领域"公地悲剧"问题，即由于资本在第二、第三产业中流动性较大，各地方政府为获得地区经济竞争中的比较优势，往往倾向于采用较低的环境规制标准，以降低企业的生产成本、促进经济增长，造成地区间环境规制的

"逐底竞争"，而环境集权管理可以避免环境规制"逐底竞争"的发生；②有利于纠正由外部性和政府不当干预引起的环境污染的跨界流动，即本地政府放松环境规制时，很少有激励措施去顾及自身决策对邻近地区造成的额外经济和社会成本，邻近地区的环境污染会超过预期，而环境集权管理能有效纠正这种污染的跨界效应；③有利于克服环境领域各利益相关主体间在政治影响方面的不对称性，即相比于污染利益集团，环境保护者在集权管理体系下更容易获取充分的资源，以施加有效的政治影响（Stewart，1997；李伯涛等，2009）；因此环境集权管理有利于环境保护与治理。

传统环境联邦主义理论主要运用经济竞争模型和污染跨界效应模型，考察不同环境管理体系下地方政府间环境政策的战略博弈。经济竞争模型的基本逻辑是：假定企业利润、区位选择均会受到地区环境标准的影响，在环境分权管理体系下，地方政府为了保障本地企业获得比较优势或吸引其他地区企业，可能会放松环境规制，以降低企业的生产成本，提升企业竞争力（张文彬等，2010）。其中，比较具有代表性的是环境分权管理下的两阶段动态博弈模型（Ulph，2000）：在第一阶段，作为对本地区放松环境规制的回应，为在经济竞争中获得比较优势，邻近地区政府将做出类似决策，最终导致地方政府间环境规制的"逐底竞争"；在第二阶段，放松环境规制将增加本地区且降低邻近地区企业的产出、利润和福利水平，形成全国范围内的恶性竞争，引发全国性环境事务管理的改革。

污染跨界效应模型的基本逻辑是：环境规制竞争的存在与否取决于污染的外部性影响及其范围。Fredriksson 和 Millimet（2002）研究发现，相较于环境集权管理体系，在环境分权管理体系下，出于"搭便车"的动机，本地区忽视其行为对邻近地区的损害，采用相对较低的环境标准，从而会形成"逐底竞争"的局面。事实上，污染跨界效应模型是对经济竞争模型的后续讨论，对于因外部性而引起的环境污染跨界效应，中央政府能够采取的措施主要有以下两种，其核心思想都是提高中央政府对地方政府环境政策执行的监管力度：第一种是采取环境集权管理体系。地方政府一般只考虑环境污染对本地居民造成的损害，中央政府则会考虑边际单位污染对全国范围内居民造成的损害，因此为对跨界污染活动进行限制，需要由中央政府制定统一的环境标准。第二种是对具有溢出效应的地区污染活动设定排放限制。一个完全有效的环境管理体系必须考虑跨界污染的特定形式和规模，尽管制定统一的环境标准能够限制邻近地区间污染跨界，但并不是最有效的政策措施。也就是说，只要跨界的污染活动没有在其有效率的水平下，各地区间就存在环境规制的竞争收益，污染削减的成本小于污染所影响的各地区居民总体所获得的收益。建立区域合作机制可以有效降低地区间环境规制竞争，但在实践中如何设计合理的区域合作机制，本身就是一个难以解决的问题（Oates，2003）。由此可见，从经济理论的角度来看，最优措施在实践中可能是不可行的，次优的选择包括中央政府制定统一的环境质量或排放标准，以及区域合作管理机制。此外，次优选择的核心思想就是增强环境事务管理模式的集权化程度，而集权化程度的高低视具体情况而定。

2.1.2 波特假说

"波特假说"基于动态视角，认为企业并不总是能够做出最优决策，设计得当的环境规制政策能够刺激企业进行技术创新，激发企业创新补偿效应，在长期内提高企业竞争力，且能推动产业内技术扩散，优化产业资源配置效率，从而达到"双赢"的状态，因此又被称为"双赢"理论（Porter，1991）。与传统研究不同，"波特假说"研究动态假定前提下的环境规制效应，即在资源配置、技术和消费需求等均可变的前提条件下，政府以市场机制为基础制定的环境规制政策，对企业技术创新有促进作用。该环境规制政策应以最大程度促进企业创新为目标，鼓励企业连续创新，争取处于行业领先地位；同时，为降低环境规制过程中可能存在的不确定性，整个环境规制政策分阶段实施，以便及时地调整。

环境规制政策按其运作模式及特点可分为命令控制型政策工具与市场激励型政策工具，"设计得当的环境规制"主要是针对后者而言的，但前者是后者得以实现的重要保障。这主要是因为，在环境规制过程中，命令控制型政策工具缺失意味着分权程度过高，将破坏"设计得当的环境规制"，不利于促进企业进行技术创新（朱平芳和张征宇，2011；潘峰等，2015）。Porter和 Van der Linde（1995）深度剖析环境规制对企业技术创新的影响，发现环境规制会促进企业技术创新进而改善环境绩效，但并不一定能让企业获得竞争优势。"波特假说"技术路线如图 2-1 所示。

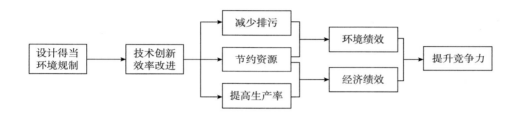

图 2-1 "波特假说"技术路线图

"波特假说"主要运用委托代理理论和市场失灵理论，考察环境规制对企业创新决策的改善效应。委托代理理论的核心思想是：由于信息不对称以及企业经济权与管理权的分离，造成管理层决策通常偏离企业利润最大化，造成社会资源配置效率损失。管理层或者为风险厌恶者，由于风险大、短期收益低、回报周期长等原因而拒绝进行技术创新（Ambec 和 Barla，2002）；或者由于有限理性，即受限于管理层本身认知能力的不足以及信息不完全，企业也不会进行技术创新。环境规制可被视为一种有效的激励措施，激发企业的创新补偿效应。换句话说，环境规制是政府作为委托人，花费最低限度的成本促使企业进行创新活动，以此达到政府环境保护与经济增长的双重目的。

市场失灵理论的核心思想是垄断、外部性、公共物品以及不完全信息都会导致市场失灵。实行严格的环境规制有助于纠正市场失灵问题，进而促进企业技术创新，这主要表现在以下几方面：①严格的环境规制为企业提供了策略指导，提供了新的环境标准，纠正了负外部性，提高了企业的要素配置效率；②严格的环境规制将对市场内所有企业生产技术提出更高的要求，纠正了可能存在的信息不完全问题，为获得先动优势以利于长期竞争，企业会不断进行技术创新；③严格的环境规制解决了可能存在的"搭便车"问题，避免了技术外溢挫伤企业创新的积极性，促进市场内技术创新由低投入向高投入转变。事实上，"波特假说"可以理解为市场机制的运转不是万能的，对于可能存在的市场失灵导致资源配置效率损失，必须通过政府干预以克服。

2.1.3 污染天堂假说

Walter 和 Uglow 在 1979 年提出"污染天堂假说"，也被称为"污染避难所假说"[①]，Baumol 和 Oates（1988）进一步从理论上对该假说进行了系统性证明，其核心思想是：在自由贸易条件下，经济发展程度较高的地区往往实施较为严格的环境规制（如征收排污税），这样将会增加本国企业的生产成本，使得本国企业会选择将生产场所迁往环境规制较弱、排污税征收较低的地区，以保证企业的生产收益，最终推动该地区经济增长，但也造成该地区成为污染密集型企业的集聚地区（Copeland 和 Taylor，1994）。从 20 世纪 70 年代后期开始，世界范围内产业的升级换代浪潮伴随着一批重污染工业从发达国家向发展中国家转移，这一浪潮也恰好与以发达国家为主的世界范围内环境规制大规模兴起相伴随，印证了"污染天堂假说"。也就是说，放松环境规制会吸引外商直接投资增加以及其他地区企业迁移，以促进本地区经济增长。

"污染天堂假说"主要运用"合规成本说"考察环境规制对国际投资与企业迁移选址的影响。"合规成本说"主要沿袭了庇古税和科斯产权理论的思想，强调企业的环境成本部分或者全部内部化，主张通过环境规制改善资源配置效率。本地企业的竞争力是地区经济增长的重要组成部分，在各地制

---

① 在相关文献中，污染天堂假说（Pollution Haven Hypothesis）、产业区位重置假说（Industrial Relocation Hypothesis）和产业漂移假说（Industrial Flight Hypothesis）经常通用，表达方式虽有所差异，但内涵基本相同，且污染天堂假说使用更频繁。

定环境标准时，除考虑环境影响外，是否有利于提高本地企业竞争力，避免对其造成负面影响或削弱其竞争优势也是重要的影响因素。以新古典经济学为基础分析环境规制与企业竞争力之间的关系，必然会发现环境规制与企业竞争力之间相互矛盾，即严格的环境规制势必将削弱企业竞争力（Gollop 和 Roberts，1983）。在技术水平外生前提下，环境规制可能导致企业成本增加，生产率下降，产品价格上升，需求不变时利润下降。尤其是当其他国家或地区的环境标准相对较低时，竞争对手会严重削弱本地企业竞争力（赵红，2008）。为在市场竞争中获得比较优势，以及在市场机制作用下，落后地区会实行较为宽松的环境规制政策，以牺牲环境为代价使产品的成本降低，从而带动产品价格下降。参与市场竞争的企业，如果其属地的环境标准低于竞争对手属地的环境标准，那么在其他因素都相同的情况下，前者就有可能取得低成本优势。因此在严格的环境规制地区，就产生了"规制俘虏"或者"企业逃离"。

2.1.4 内生经济增长理论

古典经济学认为，一国的经济增长主要取决于生产要素的积累、资源存量的使用效率以及技术进步（Tanzi 和 Zee，1996）。在此基础上，新古典经济增长理论通过柯布—道格拉斯生产函数（劳动投入与资本投入内生、技术外生），建立外生经济增长模型，得出经济在长期内稳定增长的结论。内生经济增长理论则对此质疑，认为技术进步是内生的，是经济持续增长的主要原因。也就是说，新古典经济增长理论认为，政策对经济增长只有短期效应，在长期内，经济增长是由外生因素决定的，并不会因为政策差异而变化；而内生经济增长理论则认为，环境规制等政策会通过影响内生变量，进而影响长期经济增长。尽管新古典经济增长理论肯定了技术进步对经济持续增长的作用，但外生技术进步的假定并没有能够解释经济持续增长的真正原因，这主要是因为经济持续增长是以规模报酬递增为前提的，新古典经济增长模型以规模报酬递减作为达到稳定均衡的前提条件，两者本身就是冲突的。从某种意义上说，内生经济增长理论是对新古典经济增长理论的修正，假定储蓄率与劳动供给内生、规模报酬递增、资本边际收益不再递减，并把技术进步内生化，从理论上说明了经济持续增长和增长率差异的原因。内生储蓄率意味着可变的资本供给与积累速度，说明资本数量对经济持续增长的作用。

内生经济增长理论主要通过构建内生经济增长模型，从理论上说明经济持续增长的原因。Lucas（1989）将人力资本引入内生经济增长模型，假定人力资本是内生的且存在外溢效应，主要考察人力资本对经济增长的影响，发现经济持续增长的源泉是人力资本的平均水平而非总体水平。Romer（1989）假定资本、劳动、知识以及人力资本等生产要素都是内生的，建立三部门内生经济增长模型，考察上述生产要素投入对经济增长的影响，发现上述生产要素投入的增加将促进经济增长。长期以来，内生经济增长理论最大的问题就是难以进行实证分析（李勇坚，2002），针对该问题，经济学家从以下两方面进行了尝试：其一，以人均收入为自变量、增长率为因变量，考察不同国家的国民收入增长率是否趋同（Barro 等，1995）；其二，研究某个单独因素（如税收、创新、环境规制、产业结构等）对经济持续增长的影响。Lewis（1954）认为对于发展中国家而言，释放传统农业部门的剩余劳动力是实现经济增长的有效途径。Jorgenson 和 Wilcoxen（1990）以美国制造业为研究对象，发现环境规制导致 GNP 水平下降 2.59%，尤其是在化工、石油、黑色金属以及纸浆和造纸业领域，环境规制对经济绩效影响最显著。

2.1.5 增长极理论

Perroux（1970）借用物理学中磁场与磁极的关系，解释和预测区域经济的布局与结构，最早提出"增长极"概念，进而形成增长极理论。增长极是指在具有支配效应的经济区域内，产生推进性作用的单元。狭义的增长极主要包括产业增长极、城市增长极和潜在的经济增长极，而广义的增长极可泛指所有能够促进经济增长的影响因素和增长点（颜鹏飞和黄树人，2002）。在此基础上，Myrdal（1957）对增长极的运行机制进行了补充分析，认为在地区经济增长的动态过程中，增长极对周边地区主要存在正负两种影响效应：一种是"回波效应"，即增长极会对周边地区经济增长产生阻碍作用或不利影响，吸引各种生产要素向增长极回流和聚集，扩大地区间的经济增长差距；另一种是"扩散效应"，即增长极会对周边地区经济增长产生推动作用或有利影响，促使各种生产要素在某种程度上由增长极向周边地区扩散，缩小地区间经济增长差距；由此，Myrdal 主张中央政府应主动进行政策干预，而不是消极等待增长极的扩散效应，来改善本国存在的经济发展不平衡。Myrdal 的增长极理论为国家干预主义提供了理论支持。Hischman（1958）也进行了类似研究，主张考虑发展中国家的资源稀缺，应将有限的资源投入乘数效应较大的部门，进而带动其他部门共同发展；如果是政府资源，则应投入公共服务领域，尤其是基础设施建设领域。

增长极理论自提出以来，被各国政府用来解决本国区域发展中遇到的问题，这主要是因为以下优势：第一，相较于均衡经济增长理论，增长极理论认为区域经济发展应是长期不均衡的状态，需要政府"有形的手"进行干预才能实现均衡发展，这更符合现实情况，也为政府干预提供了理论支持；第二，考虑了资源的稀缺性和有限性，强调增长极或增长点的重要作用，鼓励提高公共服务水平以及进行技术创新，这符合经济社会发展趋势；第三，思想主张简单明了，与现实社会契合度高，具有很强的可操作性，并提出了切实有效的政策建议，满足了政府制定者的需求。但很多国家的实践也表明，增长极理论存在以下不足：第一，增长极的扩散效应确实带动了周围地区的经济增长，但其回波效应对周围地区的经济增长也产生了阻碍作用，且扩散效应与回波效应对政府而言均不可控；第二，在增长极的作用过程中，回波效应总是先于扩散效应，如果缺乏政府的有效干预，则会拉长回波效应的持续时间，并导致回波效应最后大于扩散效应；第三，部分增长极可能存在较高的技术要求，并不能为地区提供更多的就业岗位；第四，培育增长极的资源投入量较大，增加了操作难度；第五，增长极对外依存度高，可能造就脆弱的经济增长。

2.2 文献回顾

关于环境分权管理对绿色经济与可持续发展影响的研究，最早是从研究市场失灵问题开始的。由于环境具有公共物品的属性，其外部性、产权缺失等市场失灵情况的存在，都将会产生环境污染问题。Pigou（1920）提出根据污染所造成的危害程度对排污者征税，用环境税来矫正生产过程中负外部性导致的私人成本和社会成本不一致的情况，从而实现资源配置的帕累托最优状态，该政策工具被称为"庇古税"方案。"庇古税"的提出打开了学术界通过研究政府规制解决环境污染问题的大门，环境税、排污收费制度等都是典型的环境规制工具。"科斯定理"则认为在交易成本为零或很小、产权明晰的情况下，无须政府进行干预，市场机制作用下资源配置会达到帕累托最优状态（Coase，1960）。也就是说，"科斯定理"否定了"庇古税"的有效性，认为其本身就将影响资源的有效配置。然而，在现实社会中，环境领域经常存在产权难以界定、信息不完全等问题，科斯定理失效。但是，无论是"庇古税"还是"科斯定理"，都是强调通过效率的改善，来达到解决环境污染问题的目的。

本节接下来内容安排如下：首先，梳理改善生态环境效率，实现绿色经济与可持续的主要途径；其次，分别从经济增长、技术创新与总体层面，梳理环境规制对绿色经济与可持续发展的影响；最后，梳理环境分权管理的影响效应。

2.2.1 绿色经济与可持续发展的实现途径

绿色经济与可持续发展的目标是追求经济环境一体化，即少投入、少排放、多产出，在保障生态环境质量的前提下追求高速经济增长（Fet，2003）。

事实上，研究影响绿色经济与可持续发展的因素就是在研究如何改善生态环境效率。目前为止，总结现有文献的研究成果，发现资源的科学配置和合理开发、高效的制度体系以及技术创新与进步都是改善生态环境效率，实现绿色经济与可持续发展的主要途径。

2.2.1.1　资源的科学配置和合理开发

资源的科学配置和合理开发是实现绿色经济与可持续发展的基础，其配置效率直接决定了生态环境效率（蒋尊玉，1998）。粗放型的经济增长方式在长期内存在较大的负面效应，化石能源的大量使用会造成严重的环境污染和资源约束，并引发了环境作为公共物品的负外部性。因此，提高非可再生资源的配置效率，是实现资源科学配置和合理开发的主要策略。Tornell 和 Lane（1999）研究发现非可再生资源的过度使用会抑制经济增长，但透明化开采招标过程可有效缓解这种负面效应。陈东景等（2006）基于生态足迹和社会发展视角，探讨海洋渔业资源与社会发展的相关性，主张改善社会发展方式，提高海洋渔业资源利用效率，提升生态承载力。罗慧等（2007）、黄学超等（2008）以水资源为例，提出为实现环境约束条件下的可持续发展，则必须提高资源配置效率。Stacy（2009）认为较少进行化石能源开采与使用、加大环境保护力度以及合理利用可再生能源，不仅可以避免环境污染造成的健康风险、维持或提高劳动生产率，还可提高资源配置效率，对经济发展具有显著的促进作用。游广永等（2016）对中国石墨资源禀赋状况与主要石墨提纯方法进行总结，认为从产业发展与生态环境保护的角度看，粗放的开采加工方式、低端无序产业形态以及由此产生的众多生态环境问题均与可持续发展背道而驰。陈伟等（2017）研究湖北省国家可持续发展实验区资源配置，提出资源配置效率是可持续发展战略实施效果的重要衡量指标。

采用可再生能源替代非可再生能源，是实现资源科学配置和合理开发的另一种策略。曹玉书和尤卓雅（2010）主张通过技术进步来减少资源约束对经济产生的负面影响，通过环境政策来降低化石能源使用造成的环境污染压力，以及合理开发利用可再生能源实现绿色经济与可持续发展。肖文和唐兆希（2011）通过新熊彼特思想的垂直创新方法，构建资源约束条件下四部门内生经济增长模型，考察能源替代与可持续发展之间相互作用的内在机理，并研究社会计划最优均衡增长路径，运用比较静态方法分析各类参数的长期最优产出增长率和耗能增长率效应，发现在社会计划最优均衡下，能源的可耗竭性使得能源消耗增长率随时间递减，创新活动高质量的有效产出能够缓解资源约束，促进绿色经济与可持续发展。刘岩等（2011）基于最优控制理论，通过引入替代率、能源污染损失函数，建立可再生能源替代动态系统数理模型，分析得出可再生能源替代化石能源在理论上的最优动态策略，并估算了2011~2030年每年的可再生能源替代率水平以及可再生能源消费量，从而对可再生能源在未来20年的期望替代路径给出了可行建议。杨宏林和王一金（2016）将能源替代纳入内生经济增长模型，并通过最优均衡分析技术，研究平衡路径上用可再生能源替代非可再生能源对可持续发展的影响，发现能源替代能有效降低能源强度，提高经济增长率。陈玉龙等（2017）运用自回归滞后模型，考察我国碳排放与经济增长、采用可再生能源替代非再生能源等各影响因素间的长期均衡和短期动态关系，发现各变量之间存在长期均衡关系，采用可再生能源替代非可再生能源在短期内并不显著的治理效应，但在长期内能显著降低碳排放。

2.2.1.2 高效的制度体系

高效的制度体系可以推动绿色经济与可持续发展，建立高效的制度体系依赖于对本国基本国情的准确把握。改革开放以来，我国经济进入高速发展时期，但随之也产生了很多矛盾与问题。我国政府涉足环境领域几乎与改革开放同步，学术界也随之展开了广泛讨论，早期研究主要集中于制度因素对经济发展的影响。随着环境问题加剧恶化以及绿色经济与可持续发展战略的提出，学术界开始分别从微观层面（企业）、中观层面（产业）以及宏观层面（国家）来研究制度因素对绿色经济与可持续发展的影响。

制度因素主要通过改革企业制度，构建企业新型架构，优化资源配置效率，进而影响微观层面（企业）的绿色经济与可持续发展。方时姣（2003）

肯定了绿色企业在可持续发展战略中的重要地位，认为现代企业制度应是市场化、知识化、生态化与绿色创新的有机结合，而制度创新内生化则是实现企业绿色经济与可持续发展的必由之路。魏杰（2005）肯定了改革企业产权制度对煤炭企业实现可持续发展的促进作用，并对现代企业产权制度进行了诠释，认为现代产权制度应呈现产权清晰、产权组织方式和产业结构合理的特点。其他研究主要将研究对象集中于煤炭行业，研究制度创新对煤炭企业可持续发展的影响，并考察其对其他行业的适用性。路斗恒（2006）从微观层面肯定了制度创新对实现可持续发展战略的重要性，并以山西义棠煤业公司及煤炭行业为研究对象，认为管理创新是提高企业在行业中竞争力、实现企业可持续发展的主要途径。张建民和任玲（2009）建议，以劳动价值论指导家族企业的分配制度改革，为实现家族企业的可持续发展，有效的分配制度应是按资分配与按其他要素分配的有机结合，而不是单一按资分配，其优点在于促进家族企业实现股权结构与企业管理的社会化。陈新玲（2013）指出煤炭企业面临严重的税费负担以及中国税费制度中存在的问题，提出以可持续发展税收理念为指导，全面改革和创新煤炭行业生态化的税收法律制度。

制度因素主要通过优化产业结构和资源要素配置效率、创新产权制度，进而影响中观层面（产业）可持续发展。孙曰瑶和杨友孝（2005）认为为实现农业和农村的可持续发展，可通过专业合作社的制度创新，将分散的家庭组织起来，以此解决家庭小生产与大市场之间的巨大矛盾。郭晓鸣和宋相涛（2008）肯定了制度创新对农村和农业可持续发展的促进作用，并论述了《中华人民共和国农民专业合作社法》颁布后农村和农业发展的新方向。胡亦琴（2011）以农业为例，指出当前农业发展过程中存在的问题，认为为实现中国农业的可持续发展，应进行制度创新，具体举措包括：完善农地产权制度，提高制度效率；强化政府的土地公共管理职能，提高行政效率；创新流转体制，提高要素效率；健全相关制度、政策，优化流转外部环境。李毅（2012）通过考察和解释日本制造业发展过程中组织结构的多样性，以及在市场结构不稳定条件下的结构调整和演化路径，从理论上探讨以结构演进为重心的组织创新在产业可持续发展中的不可替代性。

制度因素主要通过提高政府公共职能管理效率，进而影响宏观层面（国家）可持续发展。蓝虹（2004）认为技术创新是扩大资源供给的根本手段，而产权制度是技术创新的制度保障，有效的产权制度会加快技术创新的步伐，高质量的技术创新对产权制度提出更高的要求，倒逼产权制度随之创新，在可持续发展战略中技术创新与产权制度创新呈现的是相辅相成的关系。蒋满元和唐玉斌（2005）指出中国在自然资源开发、利用及管理的制度安排中存在的诸多问题，并对此提出了政策建议，具体包括加强自然资源管理效率，改革自然资源产权制度，以及创新自然资源核算制度等。李政大（2018）肯定了双轮驱动可持续发展模式的科学性、合理性和必然性，并通过比较科技创新驱动和双轮驱动两种发展模式下的稳态增长差异，检验制度创新的贡献，发现以科技创新、制度创新双轮驱动的可持续发展模式效果更优，制度创新对中国可持续发展的平均贡献率为 16.48%。

2.2.1.3 技术创新与进步

内生经济增长理论放宽新古典增长理论的假设条件，把技术进步等相关变量内生化，并认为内生技术进步才是经济持续增长的主要原因。在此基础上，学术界对技术创新促进经济持续增长的路径进行了大量研究。技术创新根据类型不同，影响效果也不同，不仅可以提高生产效率，还可以提升环保效用，因此研究技术创新对可持续发展的影响，需要区分技术创新类型，分析可持续发展路径（周晶森，2018）。程建林和艾春玲（2008）论述了技术创新与可持续发展的内涵，肯定技术创新处于可持续发展的核心地位，并通过分析两者之间的互动作用机制，认为两者之间存在既相互促进但又相互制约的关系。张江雪和朱磊（2012）利用四阶段 DEA 模型，考察绿色经济与可持续发展战略下中国工业企业技术创新效率，发现绿色经济与可持续发展战略会对技术创新的投入和产出起到约束效应。Rick 和 Cees（2013）肯定了创新补贴政策和环境税对技术创新的促进作用，并认为在长期内有利于实现绿色经济与可持续发展。沙姆沙德·阿赫塔尔（2014）肯定了技术创新对可持续发展的促进作用，并认为这种促进作用在亚太区域内及"南南合作"框架下会更显著。聂巧（2015）以北京市为例，运用 VAR 模型、协整方程、脉冲响应函数和方差分解方法，实证论证了技术创新在短期内以及长期内均会促进可持续发展，并论述了其动态影响过程，发现技术创新贡献较大，且时滞也较大。

李高等（2008）分析传统的技术创新与可持续发展的差异，阐释了当前技术创新效应的内涵，提出技术预见和关键技术选择是制定和实施技术创新战略的重要手段和基础，也是实现可持续发展的重要组成部分。Smulders 和 Maria（2012）将生产技术分为会造成环境污染的传统技术以及可以减少污染排放、资源消耗的绿色技术，认为在诱发技术变革的情况下，环境政策的成本（减少排放量）可能比没有的情况下更大，这将会不利于可持续发展。许平（2014）肯定了技术创新对企业可持续发展的重要性，并分析新兴技术产品的物理生命周期可能对环境和社会系统造成的影响，论述企业可持续发展的技术创新路径。孙育红和张志勇（2012）认为传统技术创新以熊彼特理论为基础，是把一种新的生产要素和生产条件的组合引入生产体系，而生态技术创新则是在资源环境约束强度增大的条件下，能够满足人类生态需求，减少生产与消费边际外部费用的支撑可持续发展的技术创新，并通过比较生态技术创新与传统技术创新对可持续发展影响的差异，主张传统技术创新应向生态技术创新转变。杜娟（2013）认为生态化技术创新是技术创新与经济社会发展协调一致的理性选择，引导技术创新发展向着有利于资源合理开发利用、保护生态环境、社会经济与生态环境协调发展等方向进行，是实现绿色经济与可持续发展的基础；而为实现生态化技术创新的可持续发展策略，则对价值观、技术以及环境等层面建设提出了较高的要求。

叶民强和吴承业（2001）通过区域复合系统，考察区域可持续发展及其创新决策过程，发现技术创新与制度创新通过水平激励和增级激励两种方式推动区域可持续发展。赵传松等（2018）运用熵值法、耦合协调度模型以及探索性空间数据分析方法，考察技术创新与可持续发展的耦合协调度和时空分异特征，发现技术创新和可持续发展呈现高度正向耦合与弱空间正相关关系。祝恩元等（2018）构建科技创新与可持续发展综合评价指标体系，通过耦合协调度模型，考察山东省 17 个地市科技创新与可持续发展耦合协调关系，发现山东省各地市科技创新与可持续发展的耦合度和耦合协调度存在重大差异，主张在区域发展过程中，由于各区域面临的可持续发展问题不同而进行不同的技术创新，但必须坚持科技创新与可持续发展的双向互动。

2.2.2 环境规制对绿色经济与可持续发展的影响

从市场经济的角度看，环境保护与经济增长是相互矛盾的。环境作为一种公共品，具有较强的负外部性，而企业作为微观经济主体，其目标是追求经济效益最大化，显然通过市场机制不能有效地解决环境污染问题，因此需要政府出台相关环境规制政策予以解决。有效的环境规制政策会影响企业的决策行为，也能促使企业加快技术创新步伐，进而影响地区经济增长、推动产业结构转型升级，实现绿色经济与可持续发展。目前为止，学术界就环境规制与经济发展关系的学术争辩主要有以下两种观点：一种是以新古典经济学为理论基础的"抑制论"，认为环境规制与经济发展之间是相互矛盾的关系，环境规制会抑制企业技术创新，不利于经济增长；另一种是以"波特假说"为理论基础的"促进论"，认为设计得当的环境规制能够激发企业的创新补偿效应，促进企业技术创新，有利于经济增长。还有学者认为，在上述两种相反效应（即"双刃剑"效应）的作用下，环境规制与经济发展之间存在显著的非线性关系或关系不显著。经济增长与技术创新都是实现绿色经济与可持续发展的重要组成部分，本节在环境规制、经济增长与环境保护的分析框架下，分别梳理环境规制对经济增长、技术创新的影响，并在此基础上，梳理环境规制对绿色经济与可持续发展的影响。

2.2.2.1 环境规制对经济增长的影响

"抑制论"认为环境规制不利于经济增长。张友国和郑玉歆（2005）建立 CGE 模型，分析不同排污收费方式的政策效果，以验证环境税等政策在中国的适用性，发现排污收费政策对经济增长以及就业率的不利影响十分有限，单一的排污收费标准使经济增长率下降 0.06%，即使将排污费纳入专款专用时，经济增长率也仅降低 0.11%，总就业增长率仅降低 0.2%。王军和李萍（2018）测算了狭义和广义的绿色税收政策指数，并通过系统 GMM 模型，考察绿色税收政策对经济增长质与量的影响，发现狭义和广义的绿色税收政策均会抑制中国经济数量增长。

"促进论"认为环境规制有利于经济增长（章泉，2009）。黄菁和陈霜华（2011）建立人力资本内生经济增长模型，考察均衡增长过程中环境规制与经济增长的内在关系以及实现可持续发展的必要条件，发现环境规制会促进经济增长，清洁要素和技术使用是可持续发展的关键。史贝贝等（2017）运用双重差分法，考察环境规制对经济增长的影响，发现环境规制不仅会促进经济增长，而且呈现累进式"边际递增"特点，即随着环境规制执行时间的推移而逐渐增强。

"双刃剑"观点则认为由于行业、地区等异质性的存在，环境规制对经济增长的影响既有促进作用，也有抑制作用，两种作用下环境规制与经济增长之间存在较大的不确定性。孔祥利和毛毅（2010）研究发现环境规制的经济增长效应存在区域异质性：在短期内，东部地区经济增长效应显著，中部地区无明显联系，西部地区经济增长会反向提高环境规制水平；在长期内，各地区环境规制水平与经济增长均呈现互为因果关系。熊艳（2011）运用"纵横向"拉开档次法，构建环境规制强度指数，研究发现环境规制与经济增长之间呈现"U"型关系。彭聪和袁鹏（2018）构建包含经济、行政、排放、健康以及效率五大因素的综合型环境规制强度指标，研究发现经济增长与环境规制强度间呈现倒"U"型关系。

2.2.2.2 环境规制对技术创新的影响

"抑制论"认为环境规制会增加企业生产经营成本、挤占资源，使得企业有动机向消费者转嫁环境成本，抑制产品的市场需求，降低企业市场竞争力，弱化了企业技术创新能力（Barbera 和 Mcconnell，1990；Jaffe 和 Palmer，1997）。Xepapadeas 和 Zeeuw（1999）认为，严格的环境规制政策会降低企业利润和自有资金流，导致企业缩减技术创新投入，但技术创新成功率越高的企业，该抑制效应越不明显。由于发达国家一般为环境规制严格地区，为躲避严格的环境规制而导致承担较高的生产经营成本，污染型企业通常会偏好将生产场所选在环境规制较为宽松的发展中国家（Baumol 和 Oates，1988；申晨，2019）。在此基础上，针对发达国家，进行了大量有关环境规制与技术创新的实证研究。Wagner（2007）运用德国制造业面板相关数据，发现环境规制与企业总体专利申请呈现负相关关系。Chintrakarn（2008）以美国制造业为研究对象，发现环境规制会对技术创新产生负面影响。Lamond 等（2010）运用结构方程模型解析美国 16 个工业部门技术创新数据，发现短期内环境规制会抑制企业创新。Slater 和 Angel（2000）认为，环境规制会激发创新补偿效应，但仍不足以抵消成本增加所导致的抑制效应，因此环境规制会抑制企业技术创新。

"促进论"认为企业并不总是能够做出最优的决策，设计得当的环境规制政策能够优化资源配置效率，激发企业的创新补偿效应，刺激企业进行技术创新（Porter，1991；Porter 和 Van der Linde，1995）。李强和聂锐（2009）验证"波特假说"在中国的适用性，发现环境规制对以专利数量衡量的技术创新具有显著的促进作用。Kneller 和 Manderson（2012）运用创新行为动态模型，研究发现环境规制会对企业研发总支出产生积极影响。陈玉洁和仲伟周（2019）分析环境规制、吸收能力与技术创新之间的关系，发现吸收能力一旦超过门槛值，则有"波特假说"成立。

"双刃剑"观点则认为，在上述两种相反效应的影响下，环境规制与企业技术创新之间存在显著的非线性关系（Calel，2011；Bréchet 和 Meunier，2014），或没有显著影响（Brunnermeier，2003；Lin，2013）。国内研究发现环境规制与技术创新主要呈现"U"型关系（沈能和刘凤朝，2012；蒋伏心等，2013；杜威剑和李梦洁，2016；刘伟等，2017），或呈现倒"N"型关系（王杰和刘斌，2014；高明和陈巧辉，2019）。刘金林和冉茂盛（2015）以中国 17 个工业行业为研究对象，运用系统 GMM 估计方法，研究发现环境规制与技术创新之间的联系存在行业异质性，主要呈现倒"U"型、"U"型或没有显著关系。涂红星和肖序（2014）研究发现，我国环境规制对自主创新影响存在地区异质性：东西部地区呈现负向关系，中部地区不显著，总体呈现"U"型关系。Aiken 等（2009）研究发现环境规制与技术创新之间关系并不显著。Schmutzler（2001）认为创新补偿效应的作用机制非常复杂，其收益不一定会超过成本，环境规制对技术创新的影响存在不确定性。

2.2.2.3 环境规制对绿色经济与可持续发展的影响

张治栋和秦淑悦（2018）运用 SBM 模型测算长江经济带各地级市的绿色效率值，并通过空间 Durbin 模型，进一步考察发现环境规制与绿色发展之间存在显著的正相关性。何爱平和安梦天（2019）运用 SBM-DEA 方向性距离函数测算了省级绿色发展效率，并运用动态面板 GMM 模型，研究发现环境规制有利于提高绿色发展效率，实现经济高质量增长。唐勇军和李鹏（2019）运用内容分析法，解读企业社会责任报告等文件，测度企业绿色发展水平，并以沪深 A 股制造业企业为研究对象，采用异方差稳健型估计方法，考察董事会特征、环境规制与制造业企业绿色发展的关系，发现环境行政监管能有效促进企业绿色发展。

也有文献研究发现，环境规制对绿色经济与可持续发展并非能产生简单的线性影响。王丽霞等（2018）研究发现，环境规制与工业企业绿色发展绩效存在显著的倒"U"型关系，且中国大部分省份已处于抑制阶段。孙英杰和林春（2018）研究发现，环境规制与经济高质量增长呈现倒"U"型关系。张峰等（2018）研究发现，短期内环境规制会抑制制造业绿色发展，但长期来看则呈现"U"型关系。陶静和胡雪萍（2019）运用主成分分析法和熵权法，分别测算中国经济增长的质量指数和综合指数，从多维度考察环境规制对中国经济增长质量的影响，发现环境规制对中国经济高质量增长具有促进作用，且该作用只存在于中西部地区，而在中部地区最明显。

2.2.3 环境分权管理的影响效应

目前为止，学术界基于环境分权管理视角，研究环境规制经济效应或社会效应。黄清煌等（2017）运用系统广义矩估计，考察不同环境规制政策工具与经济增长之间的门槛效应，发现在环境分权管理体系下，公众参与型和命令控制型规制工具会促进经济增长。李强（2017）认为在环境集权管理体系下，环境规制更有利于企业全要素生产率的提高。

部分学者认为，环境分权管理不利于环境治污治理（祁毓等，2014）。陆远权和张德钢（2016）研究发现，在既定的碳排放约束下，中央政府需要适度加强环境管理的集权化程度，以优化环境事务管理中的资源配置效率，对碳排放进行有效管控。张华等（2017）考察环境联邦主义"中国化"的可行性，发现环境集权管理有利于碳排放治理，并提出为构建碳排放长效治理的环境管理体制，应加强集权管理，形成"条条为主"的垂直管理体系。也有学者认为，环境分权管理更有利于环境污染治理（李强，2018）。李国祥和张伟（2019）研究发现，环境分权管理会提高工业污染治理效率，但会降低环境规制对工业污染的治理效率。陆凤芝和杨浩昌（2019）研究发现，环境分权管理有助于环境污染治理，并存在空间溢出效应，在东部地区呈现负向溢出效应，在中西部地区呈现正向溢出效应。还有学者认为，环境分权管理与环境污染治理之间并非简单的线性关系（孙开和王冰，2019）。刘亮和蒋伏心（2017）研究发现，环境分权管理与地方政府科技投入之间呈现倒"U"型关系，地方政府科技投入先随着环境分权管理的补偿效应而增加，再随着环境分权管理的抵消效应而减少。

2.3　文献评述与边际贡献

2.3.1　文献评述

综上所述，国内外学者从环境分权管理的经济效应或环境效应，包括环境规制政策（Woods，2006；肖宏，2008）、技术创新行为与决策（宋英杰和刘俊现，2019）、资源配置效率（李强等，2019）、生产要素流动（李国祥和张伟，2019）等视角进行了初步研究，并取得了一定的研究成果。相关理论和实证研究已初具规模，研究方法上也取得了长足进展。然而，本书认为以下几个方面的研究仍亟待完善：

第一，鲜有文献研究环境分权管理对绿色经济与可持续发展的内在影响机制。现有文献大多基于环境分权管理、经济增长和环境保护的分析框架进行单一视角研究，如研究经济增长与环境保护之间的关系（王林辉等，2020）、环境分权管理与环境保护之间的关系（白俊红和聂亮，2017）。各国政府与学术界已经意识到，经济增长与环境保护同步发展的重要性与长远意义，有效的环境管理有助于经济环境一体化趋势的形成，可以协调经济社会发展过程中存在经济增长与环境保护不平衡问题。尽管已有文献研究环境分权管理对工业绿色转型（彭星，2016）、区域绿色发展（邹璇等，2019）、绿色发展水平（李光龙和周云蕾，2019）的影响，但大多基于环境绩效改善的视角，均不能反映经济环境一体化的趋势，也不利于对其内生机制进行深度分析。

第二，在绿色全要素生产率的研究方面，目前的测算方法已相对成熟，但对非期望产出指标的选取还存在不足，现有文献将 CO_2 而非氨氮或氮氧化物作为非期望产出。由于尚无官方权威机构公布 CO_2 排放数据，为获得相关数据处理方法各不相同，尚未达成一致，统计口径的科学完整性受到质疑。此外，国家"十一五"规划和"十二五"规划均未将 CO_2 列入污染物总量控制规划，造成所得政策建议的指导性得不到有效保证。

第三，现有研究成果较少考虑空间溢出效应。与环境规制的"搭便车"、技术扩散、区域经济发展、跨界污染等类似，环境分权管理也存在空间溢出效应。现有研究主要集中于环境分权管理影响效应的定性研究以及区域异质性，忽视了环境分权管理的空间溢出效应，因此所得结论的可靠性以及政策建议的有效性均得不到保证。

第四，环境分权管理与企业创新产出的内在影响机制研究不足。由于环境信息披露制度的不完善，企业所发生的环境事项、对外部带来的影响及企业的环境治理的定量研究成果并不丰富，造成创新补偿效应与成本增加效应的量化不变，增加了现有研究成果量化环境规制对企业实际影响的难度，环境分权管理与企业技术创新内生机制的实证研究得不到有效推进。

2.3.2 边际贡献

本书以传统环境联邦主义理论与"波特假说"为基础，考察环境分权管理对绿色经济与可持续发展的影响效应与作用机制。相较于现有研究，本书的边际贡献如下：

第一，将技术创新纳入分析框架，考察环境分权管理对绿色经济与可持续发展的内在影响机制。在理论上构建环境分权管理、技术创新和绿色经济与可持续发展的新框架，弥补传统分析框架的不足；在实证上分别考察环境分权管理对绿色全要素生产率、技术进步的影响效应，对环境分权管理—技术进步—绿色经济与可持续发展的作用机制进行验证，并通过解释地方政府为经济增长而竞争的现象，从宏观层面为推进中国环境管理体系建设提供科学依据。

第二，在清晰界定绿色经济与可持续发展水平内涵的基础上，完善投入产出指标的选取，以样本初始年份为基期重新测算了资本存量，并将氨氮纳入非期望产出，运用Super-SBM模型测算全国及各地区生产效率与绿色全要素生产率，刻画我国整体和分区域的绿色经济与可持续发展的现状与特征，并通过对生产效率按各投入产出指标分解、对绿色全要素生产率按技术效应和技术进步分解，进一步评价我国绿色经济与可持续发展的水平，并剖析其内在形成原因与地区异质性，以便深入研究环境分权管理对绿色经济与可持续发展的影响效应与作用机制。

第三，利用各省会城市经纬度数据，通过Stata软件测算各省会城市间地理距离，构建相应地理距离空间权重矩阵；在此基础上，运用Moran's I指数从经济层面与环境层面进行空间自相关性检验，并运用空间 Durbin 模型和空间误差模型考察空间溢出效应对绿色经济与可持续发展的影响，解决现有研究因忽视空间溢出效应而造成研究结论可靠性不足的问题。

第四，基于合法性理论和利益相关者理论，采用环境信息披露质量衡量企业受到环境监督的压力，反映环境规制政策工具的执行效果，考察环境分权影响企业环境信息披露质量并进而影响企业创新产出的作用机制，将环境分权管理对技术创新影响机制的研究从宏观层面引向微观层面，弥补了现有研究的不足之处。

3 环境管理体系建设的
演进轨迹与特征

改革开放以来，我国经济一直保持中高速增长，年均增长率保持在9%左右。在经济增长的同时，以"高能耗、高污染、低效率"为特征的粗放型经济增长方式带来了严重的生态失衡和环境污染等问题。几乎与改革开放同步，我国自1973年开始涉足环境领域，尝试在经济发展的同时，优化环境管理体系建设，避免走"先污染、后治理"的工业化发展老路，实现绿色经济与可持续发展。尽管中央政府表现出对环境管理体系建设的重视程度，试图通过借鉴发达国家的环境管理体系建设的经验与教训，计划建立以政府主导、事前预防为主线的环境管理体系。但由于我国有别于发达国家的特殊国情，加之涉足环境领域时日尚短，环境管理体系建设尚不成熟，不足以面对日益恶化的环境污染问题。

为完善环境管理体系建设，提升环境管理效率，推进绿色经济与可持续发展进程，本章首先梳理环境管理体系建设的发展阶段、环境管理体系的机构设置与职能划分，并在此基础上，对比中国与美国、德国、日本等发达国家的环境管理体系差异，试图阐述环境管理体系在经济环境一体化建设中的作用，为进一步研究环境分权管理对绿色经济与可持续发展的影响提供经验证据。

3.1 环境管理体系建设的发展阶段

我国自 1973 年涉足环境领域以来，环境管理体系建设在不同时期的发展与我国经济发展的阶段密不可分，长期以来我国实行环境分权管理体系，与之对应的是我国将长期处于社会主义初级阶段。对中国环境管理体系建设的发展阶段划分主要有"两阶段""三阶段""四阶段"。本书通过梳理现有文献，并结合中国环境管理体系的特征，将环境管理体系建设的发展阶段划分为以下四个阶段：

3.1.1 环境管理体系建设的萌芽阶段（1973~1993 年）

1972 年 6 月，我国派代表团参加斯德哥尔摩召开的联合国人类环境会议，拉开了我国环境管理体系建设的序幕。1973 年，为响应联合国对环境保护的号召，降低环境污染对我国乃至世界生态环境的进一步破坏，国务院召开了第一次全国环境保护会议，通过了《关于保护和改善环境的若干规定（试行草案）》；在此基础上，1974 年进一步成立国务院环境保护领导小组，下设办公室，由国家建委代管，管理日常工作，这是我国首次成立专项环保机构管理环保日常事务。1979 年，《中华人民共和国环境保护法（试行）》颁布，明确要求中央和地方各级设立环保行政机构，政府各部门、企业和事业单位按需设立环保机构。1982 年，国务院环境保护领导小组办公室与国家建委、国家城建总局、国家建工总局、国家测绘总局合并，组建城乡建设环境保护部，内设环境保护局，并实行计划单列和财政、人事权的相对独立。1983 年，国务院召开了第二次全国环境保护会议，议定了环境管理的大政方针，确立了环境管理在国民经济社会发展中的重要地位，对中国环境管理体系建设具有里程碑意义。1984 年，国务院成立环境保护委员会，于城乡建设环境保护部设办公室，由环境保护局代行其责；同年 12 月，环境保护局更名为国家环境保护局，作为国务院环境保护委员会的办事机构，但仍归城乡建设环境保护部领导。1988 年，在新一轮的政府机构改革中，国家环境保护局从城乡建设环境保护部分离出来，成为国务院直属机构，对推进环境管理体系建设具有重大意义。1989 年，国务院召开第三次全国环境保护会议，提出建设有中国特色的环境管理体系。1992 年，我国于里约联合国环境与发展大会上率先倡议《环境与发展十大对策》，第一次明确提出要转变粗放型发展模式，走可持续发展道路，标志着我国环境管理体系建设与经济发展联系的进一步增强。这一时期初步建立了环境管理体系，相应环境法律法规陆续出台，自此我国环保事业进入高速发展时期。但环境管理机构设置尚待进一步完善，权责不明确问题严重。

3.1.2 环境管理体系建设的起步阶段（1994~2007 年）

1994 年，我国开始实施分税制财政管理体制，中央政府在财政分配中占比开始上升，提升了中央政府宏观调控能力以及环境保护与治理能力。同时，伴随着环境人事权的逐步下放，地方政府环境执法机构得到完善，执法队伍建设明显加强，此时环境管理体系呈现"分权"特征，且由于经济发展水平不同，环境标准也各异。这一时期，为招商引资以及承接国际产业转移，带动本地区就业与发展，各地方政府较大程度放松辖区内的环境规制。1998 年，国家环境保护局升级成为国家环境保护总局，属正部级行政单位，标志着我国环境管理体系建设进入新阶段。总体来说，这一时期环境管理机构设置得到进一步完善，权责不明确问题得到初步解决，但环境管理思维依然停留在"先污染、后治理"上，各地区普遍存在为增长而竞争的现象，环境管理效率得不到有效提高。

3.1.3 环境管理体系建设的发展阶段（2008~2014 年）

2008 年，国家环境保护总局进一步升级为环境保护部，从直属机构变为国务院重要组成部门，提高了环境管理机构的权威性。2010 年，党的十八大报告明确指出，要把资源消耗、环境损害、生态效益纳入经济社会发展评价体系，建立体现生态文明要求的目标体系、考核办法、奖惩机制，标志着我国环境管理思维的进一步提高。2014 年，党的十八届三中全会作出《中共中央关于全面深化改革若干重大问题的决定》，重点阐述加快生态文明制度建设，并提出对限制开发区域和生态脆弱的国家扶贫开发工作重点县取消地区生产总值的考核制度，为环境保护与治理工作开展提供了制度基础。这一时期，我国环境保护与治理效率总体不高，生态环境形势依然严峻，尤以农业面源污染最为突出。这是由于污染物的广域性、分散性、相对微量性和污染物运移途径的无序性，农业面源污染具有机理模糊、潜伏周期长、危害大等特点，会加剧环境规制逐底竞争导致的农业面源污染治理效率低下。由此，政府与学界开始研究如何完善环境管理体系建设以及提高环境管理效率。

3.1.4　环境管理体系建设的完善阶段（2015 年至今）

2015 年 5 月，中共中央、国务院印发了《关于加快推进生态文明建设的意见》，是中央政府对生态文明建设的又一次重要部署。党的十八届五中全会提出，实行省以下环保部门行政执法垂直管理制度，确保问责机制落实到位；但是，地方政府的环境监管权并未上收，依然实行属地管理制度。2016 年 1 月 4 日，中共中央环境保护督察委员会（以下简称"中央环保督察组"）正式成立，开始代表党中央、国务院对各省（自治区、直辖市）党委和政府及其有关部门开展环境保护督察。"十三五"规划提出了建设"美丽中国"的伟大构想，将环境管理提升到国家重要战略层面。党的十九大报告更是指出，加大生态系统保护力度，改革生态环境监管体制，并提出构建政府—企业—社会组织—公众联合参与的环境管理体系。这一时期，政府开始采取相应措施以提高环境管理效率，环境污染得到一定程度的控制，但也并未从根本上改变现行环境分权管理体系低效率的事实。

3.2 环境管理体系的组织结构与职能划分

3.2.1 环境管理体系的组织结构

从中央政府与省级政府之间的关系来看，中国环境管理部门的组织结构比较复杂，主要表现为"双权威"体系，即环境保护厅（简称环保厅）既受来自环境保护部（简称环保部）的管辖①，也受来自省级政府的统属。环境管理部门的组织结构如图3-1所示。在图3-1中，箭头连接两个不同层级的政府部门，箭头指向代表统属关系。从其统属关系看，中央政府与各省级政府、部委之间的统属关系、各部委与各厅局之间的统属关系、各省级政府与各厅局之间的统属关系较为清晰。但在双权威体系下，若具体环境事权得不到清晰划分，由于省级政府与环保部之间战略目标不同，将使得环保厅没有明确的指导方针，加之其他厅局级平行单位也会在相关交叉领域干预环境事务，会造成职能重叠、权责不明，问责机制失效。

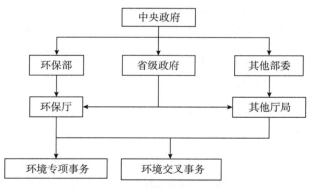

图3-1 环境管理部门的组织结构

---

① 2018年3月，国务院机构改革，组建生态环境部，不再保留环境保护部，各省份环境保护部门逐步更名为生态环境部门，环境保护厅也更名为生态环境厅。本书除指明生态环境部外，其他均用2018年机构改革前的名称。

3.2.2 环境管理制度改革

党的十八届五中全会以后，我国进行环境管理制度改革，实行环境监管属地管理与省以下环保部门行政执法垂直管理并行的制度，环境管理体系分权水平得到初步控制。2016 年，中央环保督察组成立，各省级环保厅的监测、监察、执法都被纳入中央环保督察组的督察范围，进一步推动了环境人事权和财权的分配变化。环境管理制度改革如图 3-2 所示。

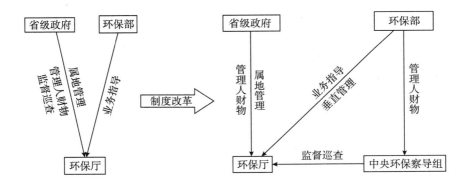

图 3-2　环境管理制度改革

属地管理制度是以层级制与问责制为基础，按照权责明确和合并同类项原则，构建一个从中央到地方、各层级政府同构的环境管理体系。以省级环境管理为例，在该环境管理体系中，环保部主要负责制定统一的环境保护标准，并对下属各环保厅进行业务指导；环保厅负责环境日常事务的监测、监察与执法；各省级政府既负责对环保厅进行监督问责，又负责管理环保厅人财物的调配，在环境管理中拥有极大的自由裁量权（李萱等，2012）。中央环保督察组成立是我国环境管理制度的一个重大创新，其意义在于加强了中央对地方环保事务的具体联系，环保厅将面临来自环保部的监督问责，进一步加强了环境垂直管理制度建设，确保责任追究落实到位，提高了环境管理效率。总体来说，这次环境管理制度改革提高了环境监测、监察与执法的独立性、权威性、有效性，有助于建立"各司其职、权责明确、权威高效"的环境管理组织架构，是对环境管理体系建设的进一步完善。

3.2.3 环境管理部门设置与职能划分

在本轮环境管理制度改革中，对环境管理部门的总体设置与职能划分都做出了相应调整。一方面，实行省级以下环保部门行政执法的垂直管理制度，加大了上级部门对下级部门的监察力度，确保问责机制落实到位；另一方面，地方政府的环境监管权并未上收，依然是属地管理制度，确保对环境日常事务进行及时有效管理。在上述制度保障下，有助于形成一个企业主体责任、地方政府监管、上级部门监察相结合的环境管理新体系，既达到了环境执法的效果，又遏制了地方保护主义。环境管理部门设置与职能划分如图3-3所示。

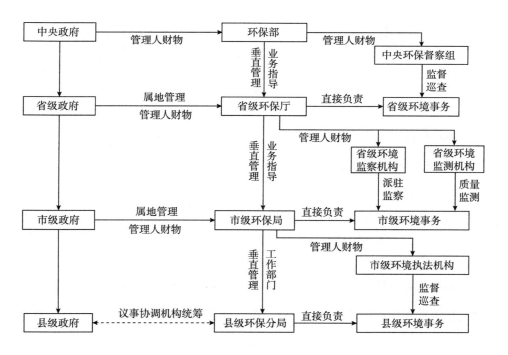

图3-3 环境管理部门设置与职能划分

第一，对于省级层面环境事务管理，主要由环保厅统一负责，受省政府监管、环保部监察的双重领导管理；环保部负责进行业务指导，并通过中央环保督察组派出专项小组，对省级环境事务管理进行监督巡查；环保厅属省政府工作部门，由省级政府统一管理人财物的调配。第二，对于市级层面环境事务管理，主要由环保局统一负责，受市级政府监管、环保厅监察的双重领导管理；环保厅负责进行业务指导，并通过派驻监察机构、监测机构对市级环境事务进行监督巡查；环保局属市级政府工作部门，由市级政府统一管理人财物的调配。第三，对于县级层面环境事务管理，主要由县级环保分局统一负责，属环保局工作部门，只受环保局垂直管理；环保局负责进行业务指导，管理人财物的调配，并派出执法机构对县级环境事务管理进行监督巡查。

3.3　环境管理体系的中外比较

　　与中国的环境管理体系建设进程相比，发达国家环境管理体系已比较成熟，而其环境管理部门的设置也已相当系统与全面。尽管各国自然禀赋、政治体制、历史文化以及经济发展水平等国情均存在差异，使得各国环境污染问题表现各异，但环境管理的目的都是为实现绿色经济与可持续发展，比较与发达国家环境管理体系的差异，借鉴和吸收发达国家环境管理体系的建设经验，有利于尽早形成"中国特色环境管理体系"。美国是最早进行环境管理法制建设的国家，德国是欧洲工业化进程最快的国家，日本是仅次于美国、中国的第三大经济体，本书选择上述三个国家作为研究对象，首先分析其环境管理体系的建设与特征，再与我国环境管理体系进行比较，得到可以推进我国环境管理体系建设的有益经验。

3.3.1 美国环境管理体系建设与特征

美国联邦层级环境管理部门主要由三部分组成：一是以国家环境政策法为基础、环境质量咨询为目的而设置的国家环境质量委员会（Council on Environmental Quality，CEQ），主要负责环境信息搜集，并据此评估环境质量，向总统和各政府机关提供科学有效的政策建议，并就实施过程进行业务指导；二是以维护自然环境、保护人类健康不受环境污染危害为目的而设置的国家环境保护局（Environmental Protection Agency，EPA），主要负责根据国会颁布的环境法律而制定并执行相应的环境法规，从事或赞助环境研究及环保项目，加强环境教育以培养公众的环保意识和责任感；三是与 EPA 功能互补的其他联邦环境管理相关部门，如农业部负责对农业生态系统进行管理与保护、林业局负责对所有森林和草地进行管理与保护。

此外，EPA 成立前，美国没有州环境管理部门负责维护自然环境、保护人类健康不受环境污染危害。EPA 成立之初，各州政府逐步建立州环境质量委员会、州环境联邦局，由于缺乏资金、技术与人力资源，州环境管理部门主要受联邦环境管理部门主管。此后，经过 40 年的发展，州政府与州环境管理部门之间的关系得到有效加强，各州政府能够在资金、技术与人力资源等方面支持州环境部门进行有效执法，环境管理人事权由联邦政府下放至州政府。美国环境管理部门的组织结构如图 3-4 所示。公众和各环保利益相关团体是美国环境管理体系的重要组成部分，对各州环境事务进行审核与监督，并就发现的问题上报 EPA，由 EPA 及时处理。在制定环境法律法规时，都要举行次数不等的公众听证会，以此保证环境法律法规的合理性和有效性。

综上所述，美国环境管理体系效率主要受两方面影响：一方面，来自决策层对环境管理的重视程度。其中，CEQ 直接向总统和各政府负责，并非环境行政管理部门，其职能也主要是向总统和各政府提供咨询意见，其角色更多像是决策层的顾问团，因此决策层对环境管理的重视程度在很大程度上决定了环境管理体系的作用和功能。另一方面，来自公众与各环保利益相关团

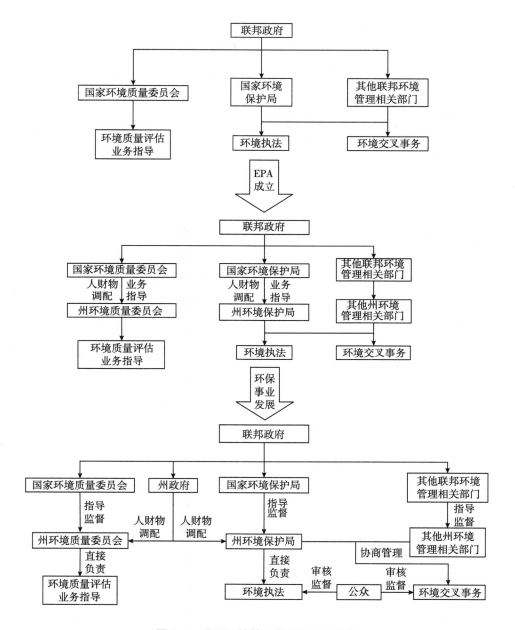

图3-4 美国环境管理部门的组织结构

体的监督效果。由于美国政治体制的原因，联邦政府与州政府间并不是绝对
的统属关系，各州政府拥有独立的司法、立法以及财权，政治分权体制可能

导致行政无效率，这将降低环境政策的实施效果。公众和各环保利益相关团体的参与起到了很好的监督作用，改善了 EPA 可能存在的监管不力局面。作为环境管理体系不可或缺的组成部分，公众和各环保利益相关团体一直是环境保护运动的发起者和先行者，几乎改善的环境管理体系的所有事件都有其参与和推动，其监督效果很大程度上决定了环境管理体系的作用和功能。

3.3.2 德国环境管理体系建设与特征

德国联邦层级环境管理部门主要由两部分组成：一是联邦环境、自然保护与核安全部（BMUB），主要负责环境政策的制定与实施、解决跨界环境污染纠纷；二是与 BMUB 功能互补的其他联邦环境管理相关部门，主要承担相应环境交叉事务的管理职能，根据相关法律法规进行环境执法。

此外，德国各州政府根据本州发展需要自行设定环境管理部门，根据联邦环境政策，负责制定并实施相应的州环境政策。各州政府由于环境管理的需求不同，有 8 个州建立了州、区、县（市）三级环境管理部门，另外 5 个州的环境管理机构只有州、县（市）两级国家管理部门（铁燕，2010）。总体来说，德国实行的是属地管理制度，州政府负责州环境管理部门人财物的调配，在环境管理中拥有极大的自由裁量权，联邦环保政策的实施效果取决于州政府对环境保护的态度。德国环境管理部门的组织结构如图 3-5 所示。与其他联邦制国家一样，德国联邦政府与州政府都有独立的司法、立法与财权，州法律作为联邦法律的补充说明，对于环境管理的指导更具体，也更详细。BMUB 主要负责环境管理的宏观调控与环境法律法规执行的监督，但由于 BMUB 并未下设正式负责监管的环境行政部门，且有时根据环境管理的实际需要会下放监管权给州政府，使得州政府在环境管理时拥有很大的策略空间。

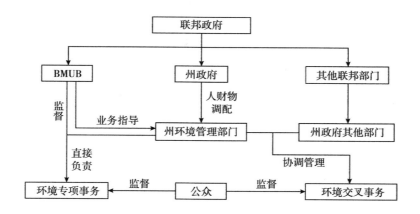

图 3-5 德国环境管理部门的组织结构

综上所述，德国环境管理体系效率主要受以下两方面影响：一方面，取决于环境法律与政策设计的合理性。由于政治体制原因，德国联邦政府与州政府在环境事权配置方面非常明确，联邦政府负责制定环境法律与政策，州政府以此为基础，制定并实施适用本州情况的环境法规，以管理辖区内的环境事务。环境法律与政策设计是否合理，将直接决定州环境管理部门是否有明确的指导方针，进而影响环境管理体系的运行效率。另一方面，取决于相关机制设计的合理性。以环境管理监督机制与环境执法监督机制为例，前者依据各种法律细化监督范围，进行行政审查和司法监督；后者依据环境信息披露制度，鼓励公众和各环境利益相关主体参与，进行非行政监督；基于环境管理监督机制和环境执法监督机制，环境管理的监督力度得到有效增强，环境管理体系的运行效率得到明显提高。

3.3.3 日本环境管理体系建设与特征

在日本环境管理制度改革前，鉴于日本工业化进程中造成了较为严重的环境污染，总理府成立环境厅，负责环境政策的制定并在全国范围内实施。环境厅具有特殊地位，可向环境交叉事务相关省厅进行质疑咨询并提出环保要求，环境厅根据环境管理需要，下设多部门，事无巨细管理环境事务，其优点是环境污染得到有效控制、环境质量得到显著改善，缺点则是部门设置繁杂，环境管理效率低，省厅间矛盾加剧、协调难度增大。环境管理制度改革后，环境厅升级为环境省，地位得到提高，环境管理效率得到改善，主要体现在组织结构简化、作用和功能得到加强方面。

环境管理制度改革后，日本中央环境管理部门主要由两部分组成：一是环境省，内设综合环境政策局、环境管理局等部门，主要研究各领域环境污染的原因，制定环境政策，并负责固体废弃物、野生动物保护等部分环境专项事务管理；二是其他承担环保职能的内阁省厅，如卫生省（负责管理与环境卫生有关的化学物质、垃圾等物质的处理）、农林水产省（负责管理土壤污染、水土流失等环境事务）等。日本都道府县环境管理部门只对都道府县政府负责，不受环境省统辖，主要依据环境省制定的环境政策，负责执法、日常事务管理与环境政策实施。此外，都道府县政府还设有环境研究结构，负责专项环境事务管理。总体来说，日本实行的也是属地管理制度，都道府县环境管理部门设置完备，加之"事前预防"的环境管理思维，因此日本环境管理效率处于世界领先地位。日本环境管理部门的组织结构如图 3-6 所示。

综上所述，日本环境管理体系效率主要受到以下两方面影响：其一，受企业社会责任意识与环境管理体制的影响，主要体现为"环境报告书"制度的实施与企业内部设置环境监督岗位。日本的环境治理能在短时间取得成效，与企业内部环境管理的社会主体责任意识密不可分。企业作为环境污染产生的源头，伴随其环境监管体制的建立与完善，加上较高的环境保护意识，极大程度地推动了环境管理效率的提升。其二，受完善的环境法律法规影响。日本是环境管理法制化程度较高的国家，市场经济作用下，环境立法的完善将促使企业控制环境成本，提高环境监督与管理效率。

3.3.4 环境管理体系建设的中外比较

通过对上述发达国家环境管理体系建设的分析，发现存在以下共同点：

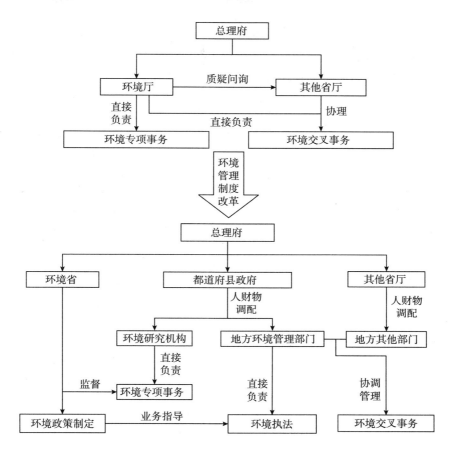

图 3-6　日本环境管理部门的组织结构

一是实行环境分权管理体系，中央政府负责制定环境基本法律与宏观调控，地方政府拥有独立的司法、立法和财权，负责制定地方环境法规并进行执法，在地方环境事务管理中拥有较大的自由裁量权；二是公众和各环境利益相关主体环保意识强，具有较高的社会主体责任意识，环境监管参与度高，有效加强了环境监管，使环境政策得到落实，环境管理效率明显提高；三是建立了环境管理市场激励机制，将市场机制融入环境管理体系，降低了环境管理中的公共财政投入，强化了企业内部环保部门职能，推动经济环境一体化建设；四是建立了高效的环境管理纠纷解决机制，及时有效处理了跨区域、跨部门的环境问题以及其引发的环境纠纷。

比较我国与发达国家环境管理体系，发现存在以下差异：一是公众环保意识与社会主体责任意识存在差异。尽管我国也建立了信访局，接收来自社会有关环境管理方面的意见、建议和要求，但由于公众和各环境利益相关主体环保意识、社会主体责任意识不强，导致环境监管参与度不高，降低了环境监管力度和管理效率。二是我国缺乏有效的环境管理市场激励机制。我国市场化机制尚有待完善，经济环境一体化趋势不强，建立和完善环境管理市场激励机制，有助于经济发展方式转型升级，提高环境管理效率，实现绿色经济与可持续发展。

4 理论模型与机制分析

    党的十九大报告指出，为解决我国经济发展过程中日益严重的环境污染问题，需进一步加大生态系统保护力度，改革生态环境监管体制，并提出构建"政府—企业—社会组织—公众联合参与"的环境管理体系。绿色经济与可持续发展是解决环境问题的钥匙，我国各阶段的环境管理体系建设与经济发展阶段密不可分，因此考察环境分权管理和绿色经济与可持续发展之间的联系，是当前推进环境管理体系建设的主要方向。

    本章以传统环境联邦理论为基础，通过环境分权管理、技术创新和绿色经济与可持续发展的分析框架，考察环境分权管理对绿色经济与可持续发展的影响。本章具体内容安排与目的如下：首先，通过进行政府间环境策略博弈分析，考察环境分权管理对地区经济增长的影响，说明环境分权管理、环境规制与经济增长之间的联系；其次，在技术创新模型中，引入环境分权管理变量，对技术创新路径进行分析，考察环境分权管理对与企业创新产出的影响，说明环境分权管理、环境规制与企业创新产出之间的联系；最后，以绿色全要素生产率衡量绿色经济与可持续发展水平，基于世界可持续发展工商理事会（WBCSD）提出的绿色全要素生产率测度方法，考察环境分权管理对绿色经济与可持续发展的影响，说明环境分权管理、技术创新和绿色经济与可持续发展之间的联系；在此基础上，本章将构建环境分权管理、技术创新和绿色经济与可持续发展的分析框架，并进一步通过理论分析得出相应命题。

4.1 分权管理背景下政府间环境博弈分析

本节基于传统环境联邦主义理论，以"污染天堂假说"、内生经济增长理论以及增长极理论为基础，以经济竞争引起政府间环境规制竞争为切入点，运用博弈论考察环境分权管理对经济增长影响，并就地区间经济增长相互影响进行进一步说明。

4.1.1 博弈机理分析

如何决定现有资源在经济增长与环境保护间的配置方式，围绕这一问题所进行的博弈与一般博弈不同，差异之处在于博弈目标与博弈参与者的特殊性。从某种意义上来说，环境属于一种公共品，难以清晰地界定其产权的所有者，产权所有者的差异会对博弈的结果造成显著影响。传统经济理论通常假定中央政府是公共利益的代表者，按照这一假定，从博弈主体看，中央政府作为环境产权的所有者，地方政府作为经济增长的利益主体。在既定的资源与技术条件约束下，一个社会达到多大程度的经济增长、进行多大程度的环境保护，是中央政府与地方政府间博弈的结果。

在博弈过程中，双方都会有一个底线，反映了社会对环境恶化程度与经济增长速度的最低承受能力，这一底线也可称为是博弈双方的威胁点（李雪梅，2010）。在现实社会中，当触及或突破威胁点时，中央政府都将进行干预，纠正因分权过度造成的对经济或环境的恶劣影响。如图4-1所示，U_L为地方政府博弈底线，即地区经济增长如果低于U_L，则经济民生等都会受到冲击；U_C为中央政府博弈底线，即地区环境质量如果低于U_C，则超出环境可承载能力。地方政府不会选择效用低于U_L的策略，而一旦博弈导致出现中央

政府效用低于 U_C 的局面，则地方政府辖区内将面临严格的、缺乏灵活性的环境管理，致使经济增长脚步放缓，这是博弈双方都不愿看到的结果。

分别以地方政府与中央政府的威胁点为界，可以将生产可能性曲线以内的区域分为四部分，分别为 A_1、A_2、A_3、A_4。其中，A_1 区域同时位于 U_L 和 U_C 线以内，因此是地方政府与中央政府都不能接受的区域；A_2 位于 U_C 线以内，但位于 U_L 线以外，因此是地方政府能够接受，但中央政府无法接受的区域；A_3 位于 U_L 线以内，但位于 U_C 线以外，因此是中央政府可以接受，但地方政府不能接受的区域；而 A_4 则同时位于 U_L 和 U_C 线以外，因此是中央政府和地方政府都可以接受的区域。从这四个区域的划分来看，可以为博弈双方都接受的区域只有 A_4，也就是说，只有 A_4 区域的博弈结果才会在现实社会中出现。

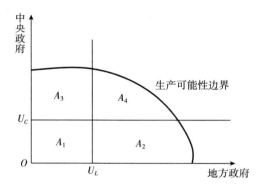

图 4-1　中央政府—地方政府博弈的威胁点与谈判空间

4.1.2　基本假设与博弈目标

在此基础上，本书进一步分析环境分权管理体系下，中央政府与地方政府环境策略博弈结果、各地方政府间环境策略博弈结果。根据环境分权管理体系下各级政府间的利益主体关系，本书提出以下基本假设：

（1）假设中央政府与地方政府对环境保护、经济增长偏好不同。中央政府为环境偏好型政府、地方政府为经济偏好型政府。

（2）假设环境人事权配置是博弈模型中影响双方地位的唯一因素，即环境人事权较大的一方为博弈优势方。

（3）假设环境可承载的资源消耗总量为 R，仅用于实现经济增长和环境保护；资源投入产出过程中不存在效率损失，即博弈过程中，资源的投入等于获得的效用。

在上述假定下，双方的博弈目标分别是：中央政府追求最大程度的环境保护，因此会督促地方政府更严格地执行环境标准，即中央政府获得的效用与地区排污量成反比[①]；地方政府则是以利润最大化为目标，在与中央政府进行博弈的过程中，总是争取较少的污染缩减量，即本地区所面临的污染排放标准越低，经济增长越快。

4.1.3 中央政府与地方政府间环境博弈分析

当中央政府与地方政府进行环境策略博弈时，由于资源投入产出过程中不存在效率损失，地方政府为实现经济增长，投入总量为 U_L 的资源，将获得总量为 U_L 的效用；中央政府为实现环境保护，投入总量为 U_C 的资源，将获得总量为 U_C 的效用。用博弈联合函数形式表示中央政府与地方政府间博弈关系，如图 4-2 所示。如果双方所要求的效用之和小于 R 时，则意味着还存在闲置的资源，若双方增加预期还可以获得更大的效用。因此，在资源总量为 R 的情况下，只有当 $U_L + U_C = R$ 时，才是资源在中央政府与地方政府间的一种有效分配。这一函数对应图中的曲线 AB，为资源有效分配曲线。

从上面的联合函数形式可知，这一博弈具有多个均衡点，这些均衡点分布于资源有效分配曲线 AB 上。由于中央政府为环境偏好型政府、地方政府

---

① 这种比例关系是在一定限度内，而非排污量越低中央政府的效用始终会越高，之所以有这种约束是因为中央政府同时也要考虑地方经济放缓的承受能力问题，过高的环境标准会导致地方短期内经济增长的成本提高，而影响其在地区竞争、国际竞争中的地位，地方经济放缓所带来的社会民生等各方面问题也会降低中央政府的效用。但在此处博弈模型分析中，为方便分析，暂不考虑经济增长约束对博弈双方的影响。

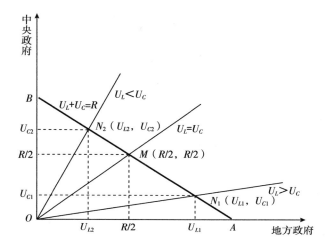

图4-2　中央政府—地方政府环境策略博弈

为经济偏好型政府，地方政府更追求经济威胁点 A（R，0），中央政府更追求环境威胁点 B（0，R）。当博弈过程中双方的环境人事权相等时，根据博弈的对称原则，该均衡解应位于 $U_L = U_C$ 线上。再根据博弈有效原则，博弈均衡解应为资源有效分配曲线与对称线的交点，即点 M（$R/2$，$R/2$），中央政府与地方政府所获得的效用均为 $R/2$，此为社会资源分配的最佳环境经济解。当实行环境分权管理时，地方政府环境人事权较大，作为博弈优势方，在博弈过程中具有较强的自由裁量权，此时博弈模型的纳什均衡解往往为资源有效分配曲线 AM 段上的点 N_1（U_{L1}，U_{C1}）；当实行环境集权管理时，中央政府环境人事权较大，作为博弈优势方，在博弈过程中具有较强的话语权，此时博弈模型的纳什均衡解往往为资源有效分配曲线 BM 段上的点 N_2（U_{L2}，U_{C2}）。本章比较不同环境管理体系下的纳什均衡解，发现 $U_{L1} > R/2 > U_{L2}$，$U_{C1} < R/2 < U_{C2}$，即相较于环境集权管理，环境分权管理更有利于经济增长。

4.1.4　地方政府间环境博弈分析

假定区域 X 包含两个地区 i 和 j，且其相应地方政府 i 和地方政府 j 均面临环境保护和经济增长两种选择，由于资源投入产出过程中不存在效率损失，

地区 i 为实现经济增长，投入总量为 U_i^1 的资源，实现水平为 U_i^1 的经济增长；地区 j 为实现经济增长，投入总量为 U_j^1 的资源，实现水平为 U_j^1 的经济增长。当双方都进行环境规制时，则不存在"搭便车"情况，有 $U_i^1 = U_j^1 = R/2$。当区域 X 不进行环境规制时，资源会向区域 X 聚集，此时资源总量为 R'，有 $R' > R$。当双方都不进行环境规制时，则也不存在"搭便车"情况，有 $U_i^2 = U_j^2 = R'/2$；当地方政府 i 进行环境规制、地方政府 j 不进行环境规制时，则存在"搭便车"情况，有 $U_i^3 < R'/2 < U_j^3$；当地方政府 j 进行环境规制、地方政府 i 不进行环境规制时，则也存在"搭便车"情况，有 $U_i^4 > R'/2 > U_j^4$。用博弈联合函数形式表示地方政府 i 和地方政府 j 间博弈关系，如图 4-3 所示。此外，$U_i^2 + U_j^2 = U_i^3 + U_j^3 = U_i^4 + U_j^4 = R'/2 > R = U_i^1 + U_j^1$。通过上述分析可以发现：当本地区实行环境分权管理时，为在"唯 GDP 论"的晋升机制中处于优势地位，地方政府会放松环境规制；尽管环境分权管理会通过放松环境规制而促进经济增长，但这种促进效应是有限的。

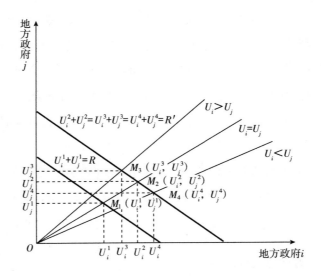

图 4-3 地方政府间环境策略博弈

也就是说，当地方政府 i 或地方政府 j 实行环境分权管理时，区域 X 就不会进行环境规制，经济增长水平由 R 增加到 R'，这是现有文献的一般性结论，放松环境规制会促进经济增长（朱平芳等，2011；潘峰等，2015）。考察地区间环境策略的相互影响发现：当地方政府 i 不进行环境规制、地方政府 j 进行环境规制时，地区 i 和地区 j 的经济增长水平分别为 U_i^4、U_j^4；当地方政府 j 不进行环境规制、地方政府 i 进行环境规制时，地区 i 和地区 j 的经济增长水平分别为 U_i^3、U_j^3；当地方政府 i 和 j 均不进行环境规制时，地区 i 和地区 j 的经济增长水平分别为 U_i^2、U_j^2。比较不同情况下地区 i 和地区 j 的经济增长水平，发现 $U_i^1 < U_i^3 < U_i^2 < U_i^4$、$U_j^1 < U_j^4 < U_j^2 < U_j^3$。换句话说，对区域内每个地区而言，都有进行环境规制或不进行环境规制两种环境策略，经济增长水平高低的排序都是：本地区不规制而其他地区规制的经济增长水平>两个地区都不规制的经济增长水平>本地区规制而其他地区不规制的经济增长水平>两个地区都规制的经济增长水平。其中，第一部分不等式是"搭便车"的结果，即本地区可从邻近地区的环境规制中受益；中间部分不等式是区域环境分权管理会促进经济增长的结果；最后一部分不等式是被"搭便车"的结果，即本地区进行环境规制，会使邻近地区享受"搭便车"的好处。综上所述，无论是本地区还是邻近地区实行环境分权管理时，都将造成区域环境规制的放松，促进本地区经济增长。

4.2 环境分权管理对企业创新影响的模型

从前文分析可知，在环境分权管理体系下，地方政府为在"唯GDP论"的晋升机制中获得优势地位，会放松环境规制，造成环境规制的逐底竞争。在此基础上，本节以"波特假说"为基础，借鉴现有研究成果（Kennedy，1964），引入环境分权管理变量，构建环境分权管理与企业创新产出的模型，通过对技术创新路径的分析，进一步考察环境分权管理影响环境规制，进而影响企业创新产出。

4.2.1 基本假设与创新偏好推导

假设1：企业在生产过程中投入 R 单位可变生产要素，产出 X_1 单位产品和造成 X_2 单位污染，污染可通过技术创新去控制。

假设2：企业技术创新途径包括提高生产技术水平或环保技术水平，其中，生产技术水平采用单位产出能耗 T_1 衡量，环保技术水平采用单位排污能耗 T_2 衡量，则 T_1X_1 代表企业的产出能耗，T_2X_2 代表企业污染能耗，R 的联合函数可以表示为：

$$R = \varphi[f(T_1X_1, T_2X_2)] \tag{4-1}$$

在式（4-1）中，当投入总量、排污量不变时，产量增加意味着单位产出能耗下降，即 T_1 变小，生产技术水平提高；当投入总量、产出总量不变时，排污量减少意味单位排污量耗能降低，即 T_2 上升，环保技术水平提高。

假设3：式（4-1）为二阶连续齐次线性函数，则 $\varphi(f)$ 为齐次线性函数；且 $\varphi'>0$，代表函数 φ 为 f 的单调递增函数；$\varphi''>0$，代表 φ 为规模报酬递减函数；$\varphi(0)=0$。

由式（4-1）可得产量 X_1 和排污量 X_2 的边际产出分别为：

$$\frac{\partial X_1}{\partial R} = 1 \Big/ \left(\frac{\partial R}{\partial X_1}\right) = 1/(\varphi^1 f_1 X_1) \tag{4-2}$$

$$\frac{\partial(-X_2)}{\partial R} = -1 \Big/ \left(\frac{\partial R}{\partial X_2}\right) = -1/(\varphi' f_2 X_2) \tag{4-3}$$

其中，一阶导数 $f_1>0$，代表随着 T_1X_1 不断上升，企业将投入更多 R；二阶导数 $f_{11}>0$，代表函数 f 是规模报酬递减的；一阶导数 $f_2<0$，代表随着 T_2X_2 不断上升，企业将减少投入 R；二阶导数 $f_{22}>0$，代表函数 f 是规模报酬递减的。

假设4：企业技术进步是内生的，取决于企业研发投入总量，而企业研发投入线性分配用于生产技术创新、环保技术创新：

$$\dot{X}_1/X_1 = W_1(\alpha)\,W_2(Q/S) \tag{4-4}$$

$$\dot{X}_2/X_2 = \alpha W_2(S) \tag{4-5}$$

其中，Q 代表创新产出水平，S 代表技术创新成功率，即 Q/S 为企业研发投入，$W_2(Q/S)$ 为研发投入带来的技术进步。$W_2(Q/S) \geqslant 0$，$W'_2(Q/S) > 0$，说明企业的技术进步随研发投入增加；$W'_2(0) = 0$，说明企业技术进步是内生的。α 代表创新可能性边界，$\alpha \geqslant 0$，$W_1(\alpha) \leqslant 0$；$W'_1(\alpha) > 0$，说明随着 α 的上升，企业用于生产技术进步的研发资金将变少。$W''_1(\alpha) > 0$，$W'_1(\alpha) = 0$，$W'_1(\alpha_0) = \infty$，α_0 满足 $W_1(\alpha_0) = 0$。

构建技术转换曲线[①]，描述创新投入在生产技术和环保技术间的线性分配关系，可得创新投入分配率 γ：

$$\gamma = \frac{X_2}{X_1}d\left(\frac{X_2}{X_1}\right) \Big/ \left[\left(\frac{\partial X_2}{\partial R}\Big/\frac{\partial X_1}{\partial R}\right)d\right]\left(\frac{\partial X_1}{\partial R}\Big/\frac{\partial X_2}{\partial R}\right) \tag{4-6}$$

通过式（4-1）、式（4-2）以及式（4-3），可将式（4-6）转换为：

$$\gamma = \frac{f_1 f_2}{f f_{12}} = \frac{f_{X_1} f_{X_2}}{f f_{X_1 X_2}} \tag{4-7}$$

γ 代表产出排放弹性，用于测算效率损失。也就是说，当 $\gamma < 1$ 时，企业偏向于投入更多资金用于提高生产技术水平；当 $\gamma = 1$ 时，企业对于技术创新偏好无差异；当 $\gamma > 1$ 时，企业会更倾向于进行环保技术创新。同理，通过对 f 进行二次求导可得：劳动投入的规模报酬 $\delta = \varphi'' f / \varphi'$。由假设 3 可知，$\varphi''$、$f$、$\varphi'$ 均大于零，因此 $\delta > 0$。

4.2.2　企业创新的路径分析

在上述讨论基础上，引进环境变量（环境税率 t 和环境分权管理水平 l），

---

① 类似生产可能性曲线，给定研发投入资金在生产技术和环保技术之间进行分配，如果用于提高生产技术水平的资金较多，则用于提高环保技术的资金必然减少。

分析环境分权管理对企业创新产出能力的影响。其中，t/l 代表环境规制的实际强度，$l>1$ 代表环境分权管理会降低环境规制强度，这是因为晋升机制使得地方政府存在降低环境规制的动机（李国祥和张伟，2019）。假定产品 X_1 的市场价格为 P，生产要素 R 的市场价格为 θ，则企业利润函数可表示为：

$$\pi = PX_1 - \theta R - (t/l) X_2 \tag{4-8}$$

将式（4-8）对 X_1 和 X_2 分别进行一阶求导，可得：

$$\frac{\partial \pi}{\partial X_1} = P - \theta\varphi' f_1(T_1 X_1, \ T_2 X_2) T_1 \tag{4-9}$$

$$\frac{\partial \pi}{\partial X_2} = -t/l - \theta\varphi' f_2(T_1 X_1, \ T_2 X_2) T_2 \tag{4-10}$$

根据利润最大化原则，由式（4-9）和式（4-10）可得：

$$\theta\varphi' f_1(T_1 \hat{X}_1, \ T_2 \hat{X}_2) = \frac{P}{T_1} \tag{4-11}$$

$$\theta\varphi' f_2(T_1 \hat{X}_1, \ T_2 \hat{X}_2) = \frac{t/l}{T_2} \tag{4-12}$$

其中，$\hat{X}_1$、$\hat{X}_2$ 分别为利润最大化时的产量、污染排污量。

将式（4-8）对 T_1 和 T_2 分别进行一阶求导，再代入式（4-11）和式（4-12）可得：

$$\frac{\partial \pi}{\partial T_1} = -\theta\varphi' f_1(T_1 \hat{X}_1, \ T_2 \hat{X}_2) \hat{X}_1 = -\frac{P}{T_1}\hat{X}_1 < 0 \tag{4-13}$$

$$\frac{\partial \pi}{\partial T_2} = -\theta\varphi' f_2(T_1 \hat{X}_1, \ T_2 \hat{X}_2) \hat{X}_2 = -\frac{t/l}{T_2}\hat{X}_2 > 0 \tag{4-14}$$

由此可得：企业的利润随生产技术水平、环保技术水平的提高而增加，这与现有的研究成果保持一致。当产品价格 P、环境税率 t 和环境分权管理水平 l 保持不变时，企业产出 X_1 和排污量 X_2 的变化将随着 T_1 和 T_2 的变化而变化。从而可得：

$$\frac{d\hat{X}_1}{dT} = \frac{\partial \hat{X}_1}{\partial T_1}\dot{T}_1 + \frac{\partial \hat{X}_1}{\partial T_2}\dot{T}_2 \tag{4-15}$$

将式（4-11）、式（4-12）以及 γ、δ 代入式（4-15），可得：

$$\frac{\partial \hat{X}_1}{\partial T_1} = \left(\frac{-\hat{X}_1}{\varphi' T_1 \delta f}\right) \left[\delta(P\hat{X}_1 - (t/l)\hat{X}_2) + P\hat{X}_1 + \delta\gamma(t/l)\hat{X}_2\right] \tag{4-16}$$

$$\frac{\partial \hat{X}_1}{\partial T_2} = \left(\frac{\hat{X}_1}{T_2}\right) \left[\frac{(t/l)\hat{X}_2}{P\hat{X}_1 - (t/l)\hat{X}_2}\right] (1+\delta\gamma) \tag{4-17}$$

基于"理性人"假设，则有 $P\hat{X}_1 - (t/l)\hat{X}_2 > 0$，且由于 $\delta > 0$，可得：$\frac{\partial \hat{X}_1}{\partial T_1} < 0$、$\frac{\partial \hat{X}_1}{\partial T_2} > 0$，即随着生产技术水平、环保技术水平的提高，企业产出水平也将提高。同理可得：

$$\frac{\partial \hat{X}_2}{\partial T_1} = \left(\frac{-\hat{X}_2}{\delta T_1 T_2}\right) \left[\frac{(t/l)\hat{X}_1}{P\hat{X}_1 - (t/l)\hat{X}_2}\right] (1+\delta\gamma) < 0 \tag{4-18}$$

$$\frac{\partial \hat{X}_2}{\partial T_2} = \left(\frac{\hat{X}_2}{T_2}\right) \left[\frac{P\hat{X}_1}{P\hat{X}_1 - (t/l)\hat{X}_2}\right] \left[(\gamma-1) + \left[\frac{(t/l)\hat{X}_2}{P\hat{X}_1}\right](1+1/\delta)\right] > 0 \tag{4-19}$$

且当 $\gamma \geqslant 1 - \left[\frac{(t/l)\hat{X}_2}{P\hat{X}_1}\right](1+1/\delta)$ 时，企业生产技术水平提高将推动环保技术水平提高。

综上所述，随着生产技术水平提高，企业产出和利润都将增加；随着环保技术水平提高，企业排污量将降低；且当创新投入分配率达到一定比例，生产技术水平提高会促进环保技术水平提高。

4.2.3 环境分权管理对企业创新产出的影响

在对企业技术创新路径分析的基础上，为考察环境分权管理对企业创新产出影响，本书进一步分析企业产出排放比的变化状况。对式（4-6）进行整理，可得：

$$\frac{d(\hat{X}_1/\hat{X}_2)/dT}{\hat{X}_1/\hat{X}_2} = \frac{d(\hat{T}_1/\hat{T}_2)/dT}{\hat{T}_1/\hat{T}_2}(\gamma-1) \tag{4-20}$$

此外，结合式（4-4）、式（4-5）、式（4-11）以及式（4-12），可得关于创新可能性边界 α、创新产出水平 Q 的最大化函数：

$$\max_{\alpha,Q} \frac{\partial \pi}{\partial T_1}\dot{T}_1 + \frac{\partial \pi}{\partial T_2}\dot{T}_2 - c\frac{\dot{Q}}{S} \tag{4-21}$$

其中，c 代表创新投入的单位成本。将式（4-4）、式（4-5）、式（4-13）以及式（4-14）代入式（4-21）可得：

$$\max_{\alpha,Q} \alpha W_2(Q/S)(t/l)\hat{X}_2 - W_1(\alpha)W_2(Q/S)P\hat{X}_1 - c\frac{\dot{Q}}{S} \tag{4-22}$$

将式（4-22）对创新可能性边界 α 求导，化简可得：

$$W'_1(\alpha) = \frac{tl\hat{X}_2}{P\hat{X}_1} \tag{4-23}$$

将式（4-22）对创新产出水平 Q 求导，化简可得：

$$\frac{c}{W_2(Q/S)} = \hat{\alpha}(t/l)\hat{X}_2 - W'_1(\hat{\alpha})P\hat{X}_1 \tag{4-24}$$

由于创新可能性边界 α 会受到创新投入分配率 γ 的影响，考察创新可能性边界 α 随时间 T 的变化，可得：

$$\alpha^* = \frac{W'_1(\alpha)}{\alpha W''_1(\alpha)}(X_1^* - X_2^*) \tag{4-25}$$

将式（4-20）代入式（4-25），可得：

$$\alpha^* = \frac{W'_1(\alpha)}{\alpha W''_1(\alpha)}(T_2^* - T_1^*)(\gamma - 1) \tag{4-26}$$

同理，由式（4-24）可得：

$$Q^* = \frac{W'_2(Q/S)Q}{W''_2(Q/S)} \frac{\alpha(t/l)\dot{X}_2 - W_1(\alpha)P\dot{X}_1}{\alpha(t/l)X_2 - W_1(\alpha)PX_1} \tag{4-27}$$

也就是说，在利润最大化原则下，当企业面临政府环境规制时，会选择增加技术创新投入，企业创新产出能力会随之增加（周长富和王竹君，2016）；但随着环境分权管理水平的提高，环境规制强度会降低，从而抑制技术创新投入，企业创新产出能力会随之减少。综上所述，环境分权管理会降低环境规制强度，进而抑制企业创新产出。

4.3 环境分权管理对绿色经济与
可持续发展影响的数理分析

通过上述分析可以发现，在环境分权管理体系下地方政府会放松环境规制，促进经济增长、抑制企业创新产出。在此基础上，本节以世界可持续发展工商理事会（WBCSD）提出的绿色全要素生产率测度方法为切入点，衡量绿色经济与可持续发展水平，考察环境分权管理对绿色经济与可持续发展水平的影响。

根据世界可持续发展工商理事会（WBCSD）提出的测度方法，绿色经济与可持续发展水平可表示为：

$$生态效率/绿色全要素生产率 = \frac{产品或服务的价值}{生态环境负荷}$$

上述测度方法可用符号转换为：

$$GTFP = \frac{Y}{Y/T + W/T} \tag{4-28}$$

其中，$GTFP$ 代表绿色全要素生产率，衡量绿色经济与可持续发展水平；Y 代表产品或服务的价值，衡量经济增长；T 代表技术水平，衡量企业创新产出；Y/T 代表资源消耗总量，W/T 代表污染排放总量。通过式（4-28），可将经济增长（Y）表示为：

$$Y = \frac{W}{T/GTFP - 1} \tag{4-29}$$

结合前文分析结果，环境分权管理会促进经济增长，抑制企业创新产出，鉴于现有关于分权变量的研究成果（祁毓等，2014；陆远权和张德钢，2016；张华等，2017），大多认为分权变量与上述指标呈线性关系。此外，由于邻近地区环境分权管理并不是简单通过影响生产数量或者生产技术，进而促进本地区经济增长，因此在对绿色经济与可持续发展水平进行测度时，为方便分析，假定邻近地区环境分权管理只会对本地区经济增长产生影响。可将式（4-28）进一步表述为：

$$GTFP_i = \frac{Y_i^0 \times l_i \times l_j}{\dfrac{Y_i^0 \times l_i \times l_j}{T_i^0/l_i} + \dfrac{W_i^0 \times l_i}{T_i^0/l_i}} \qquad (4-30)$$

其中，$GTFP_i$ 代表地区 i 的绿色经济与可持续发展水平，l_i、l_j 分别代表地区 i 环境分权管理水平、地区 j 环境分权管理水平，Y_i^0 代表地区 i 初始产品或服务的价值，T_i^0 代表地区 i 初始技术水平，W_i^0 代表地区 i 为生产 Y_i^0 单位产品或服务的价值所造成的污染程度。也就是说，$Y_i^0 \times l_i \times l_j$ 代表地区 i 实际产品或服务的价值，$\dfrac{Y_i^0 \times l_i \times l_j}{T_i^0/l_i}$ 代表地区 i 实际资源消耗，$\dfrac{W_i^0 \times l_i}{T_i^0/l_i}$ 代表实际污染排放量。

化简式（4-30），可得：

$$GTFP_i = \frac{1}{1 + W_i^0/Y_i^0} \frac{T_i^0}{l_i} \frac{1}{1 + 1/l_j} \qquad (4-31)$$

由式（4-31）可知，绿色经济与可持续发展水平（$GTFP_i$）与初始经济发展水平（Y_i^0）成正比，这是现有文献的一般结论；环境分权管理水平（l_i）会通过抑制企业创新产出（T_i^0/l_i），进而抑制绿色经济与可持续发展（$GTFP_i$），这是环境分权管理对绿色经济与可持续发展的影响机制。

结合式（4-29）和式（4-31），可得：

$$GTFP_i = \frac{GTFP_i^0}{l_i} \frac{1}{1 + 1/l_j} \qquad (4-32)$$

由式（4-32）可知，绿色经济与可持续发展水平（$GTFP_i$）与初始绿色经济与可持续发展水平（$GTFP_i^0$）成正比，这是现有文献的一般结论；本地区绿色经济与可持续发展水平（$GTFP_i$）与本地区环境分权管理水平（l_i）成反比、与邻近地区环境分权管理水平（l_j）成正比，这是环境分权管理对绿色经济与可持续发展的影响效应。

4.4　分析框架与影响机制

通过4.1节分析，本书发现环境分权管理体系下，地方政府会放松环境规制，进而促进经济增长；基于地方政府间为经济增长而进行环境规制逐底竞争的事实，通过4.2节分析，本书发现环境分权管理体系下，地方政府会放松环境规制，进而导致企业创新产出的降低；在此基础上，通过4.3节分析，本书发现环境分权管理会抑制企业创新产出，并进而抑制绿色经济与可持续发展。综上所述，本书认为环境分权管理会降低环境规制强度，进而促进经济增长；同时，由于环境规制强度的降低，会抑制企业创新产出，进而抑制绿色经济与可持续发展。基于此，本书在环境规制、经济增长与环境保护分析框架基础上，构建环境分权管理、技术创新和绿色经济与可持续发展的新分析框架，考察环境分权管理对绿色经济与可持续发展的影响效应与作用机制，环境分权管理、技术创新和绿色经济与可持续发展的分析框架如图4-4所示。

在此基础上，本书将在4.5节中通过理论分析得出相应命题，并实证研究进行论证。本书实证研究的内容安排与目的如图4-4所示。首先，测算绿色经济与可持续发展水平，考察环境分权管理对绿色经济与可持续发展的影响效应与作用机制，说明环境分权管理会抑制技术进步，进而抑制绿色经济与可持续发展；其次，阐释环境分权管理体系下地方政府间为经济增长而进行环境规制逐底竞争的事实，考察环境分权管理对经济增长的影响效应与作用机制，说明环境分权管理会降低环境规制强度，进而促进经济增长；最后，阐释环境分权管理、环境规制和企业创新产出之间的关系，考察环境分权管理对企业创新产出的影响效应与作用机制，说明环境分权管理会降低环境规制，进而抑制企业创新产出。

综上所述，本书在环境分权管理、技术创新和绿色经济与可持续发展的分析框架下，考察环境分权管理对绿色经济与可持续发展的影响效应与作用机制，发现环境分权管理体系下，地方政府为经济增长会放松环境规制，进而抑制企业创新产出，最终抑制绿色经济与可持续发展。

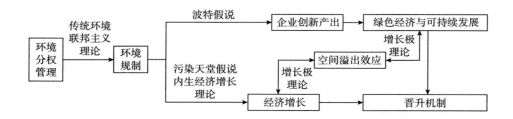

图 4-4　环境分权管理、技术创新和绿色经济与可持续发展的分析框架

4.5　理论分析与命题提出

据此，本书在环境分权管理、技术创新和绿色经济与可持续发展的分析框架下，实证研究环境分权管理对绿色经济与可持续发展的影响效应与作用机制，并在本节运用相关基础理论，分析得出相应的命题。具体研究内容与目的如下：首先，以传统环境联邦主义理论为基础，基于政府间环境博弈分析，研究环境分权管理对绿色经济与可持续发展水平的影响，并得出命题6-1 和6-2，说明改革环境分权管理体系的重要性；其次，以"污染天堂假说"和增长极理论为基础，研究环境分权管理对经济增长的影响，并得出命题7-1 和命题7-2，说明经济增长与环境保护依然是我国绿色经济与可持续发展过程中面临的难题，应改变地方政府为增长而竞争的现状；最后，以"波特假说"为基础，研究环境分权管理对企业创新产出的影响效应与作用机制，并得出命题8-1~命题8-4，将环境分权管理对技术创新影响机制的研究从宏观层面引向微观层面。

4.5.1 环境分权管理和绿色经济与可持续发展

在环境分权管理体系中，环境规制对绿色经济与可持续发展的影响效果，在很大程度上会受到邻近地区环境规制政策的干扰，环境规制政策的实施效果是各地区政策制定者间策略博弈的结果。基于地方政府竞争视角，各地区在权衡是否要出台一项环境规制政策时，会考虑邻近地区的策略性反应。各地区进行决策的目标函数是追求本地区社会福利的最大化，由于绿色经济与可持续发展水平和社会福利水平高度正相关，因此，可用绿色经济与可持续发展水平最大化代替社会福利最大化。

对每个地区而言，都有两种策略可供选择，即进行环境规制或不进行环境规制，不同环境策略选择下社会福利大小的排序是：本地区不规制而其他地区规制时的绿色经济与可持续发展水平>两个地区都规制时的绿色经济与可持续发展水平>两个地区都不规制时的绿色经济与可持续发展水平>本地区规制而其他地区不规制时的绿色经济与可持续发展水平（张嫚，2010）。其中第一部分不等式是"搭便车"的结果，即某个地区从邻近地区的单方向规制中受益；中间部分不等式是环境集权管理的结果，即一国各地区实行统一环境标准，各地区的绿色经济与可持续发展水平都将得到提高；最后一部分不等式是被"搭便车"的结果，即某地区单方向进行环境规制，会使邻近地区享受"搭便车"的好处。

从上述排序可知，当各地区都是环境分权管理时，在一次性博弈中，各地区的占优政策都是不进行环境规制，这就形成地方政府间环境管理的"逐底竞争"。如果所有地区都采取这样的策略，则纳什均衡的结果就是以牺牲环境为代价实现经济增长。但地区间环境策略行为通常是一个长期动态的过程，因此"逐底竞争"可能在长期不是最终结果。当各地区都是环境集权管理时，都将进行环境规制，纳什均衡下各地区社会福利均将高于环境分权管理时。换句话说，不进行环境规制或低标准环境规制对地区社会福利的不合意，可能会为环境管理体系由分权向集权转变提供支持。因此，在长期动态博弈中，会形成环境集权管理体系，邻近地区都会进行环境规制，绿色经济与可持续发展水平将得到提高。此外，当本地区进行环境规制，而邻近地区不进行环境规制时，本地区污染企业将向邻近地区转移，从而提高本地区绿色经济与可持续发展水平。基于此，本书提出命题6-1和命题6-2。

命题6-1：环境分权管理会抑制绿色经济与可持续发展。

命题6-2：环境分权管理对绿色经济与可持续发展的影响存在空间溢出效应，且空间溢出效应会促进邻近地区绿色经济与可持续发展水平。

4.5.2 环境分权管理与经济增长

随着经济全球化进程的不断推进，国际贸易更加密切，国际间产业分工更加细化，促进了各生产要素在全球范围内的自由流动，但环境规制会对国际间生产要素的自由流动产生重要影响。20世纪70年代，发达国家认识到工业发展对环境的巨大伤害，开始制定严格的环境政策，鼓励清洁环保型产业发展，推动经济从粗放型发展向集约型发展转变。因此，为躲避严格的环境规制、避免承担较高的环境成本，污染密集型企业偏好在环境规制较为宽松的发展中国家进行生产经营（申晨，2019）；或者说，对于污染密集型产品，发达国家会采取进口替代策略，从而产生"污染避难所"现象（陆旸，2009）。"污染天堂假说"现象能够很好地解释环境分权管理体系下，地方政府为获得区域竞争中的比较优势而选择放松环境规制。此外，区域发展不平衡也是导致环境规制放松的重要原因。从中国实际情况来看，东部沿海地区经济较为发达，开始加强环境规制，但中西部地区受到经济发展的制约，只能被动接受东部地区污染产业，这种环境规制并没有从本质上改变我国的产业结构与环境质量，只是落后地区实现了牺牲环境以换取经济增长。基于此，本书提出命题7-1。

命题7-1：环境分权管理会促进经济增长。

根据增长极理论，经济增长是一个动态过程，会受到经济因素与环境因素相互影响，任何一个地区经济因素或环境因素发生变化，都会对邻近地区经济增长产生正负两种效应：一种是"回波效应"，即会对邻近地区经济增长产生阻碍作用或不利影响，吸引各种生产要素回流或向本地区聚集，扩大地区间经济增长差距；另一种是"扩散效应"，即会对邻近地区经济增长产生推动作用或有利影响，促使各种生产要素在某种程度上向邻近地区扩散，缩小地区间经济增长差距。换句话说，对于实行环境分权管理的地区，地方政府有动机放松环境规制，吸引各种生产要素向本地区回流和聚集，同时邻近地区的生产要素在某种程度上也会向本地区扩散，实现经济增长。基于此，本书提出命题7-2。

命题7-2：环境分权管理对经济增长的影响存在空间溢出效应，且空间溢出效应会促进邻近地区经济增长。

4.5.3 环境分权管理与企业创新产出

4.5.3.1 环境分权管理与企业创新产出的关系

环境规制会促使企业的环境管理由末端治理向技术创新转变，尽管在此过程中会增加企业的环境成本，但也会激发创新补偿效应。当环境规制以市场为基础，则应是合理有效的，所激发的创新补偿效应是高于环境成本的。基于此，Porter（1991）提出"波特假说"，即如果环境规制设计得当，将有助于技术创新。也有学者认为，设计得当的环境规制在现实社会中极难实现，环境规制的不合理会增加企业成本，抑制技术创新。此外，还有学者认为，在促进效应和抑制效应双重影响下，环境规制与企业技术创新可能存在非线性关系或不存在关系。

传统环境联邦主义理论认为环境分权管理会降低环境规制强度，而环境规制强度降低会抑制企业的创新产出。本书认为环境分权管理主要会从企业非效率生产、信息不对称、政策指导作用无效化三个方面，对企业创新产出产生抑制作用。第一，纵容企业非效率生产行为。环境规制会刺激企业进行技术创新，加强内部管理，改善非效率生产以及污染性生产行为，而环境分权管理会削弱这种改进作用。第二，信息不对称引发"政府失灵"。环境分权管理会使得地方政府权力过大，并进行过度干预而产生"政府失灵"的问题，致使市场维持低效率生产。第三，政策指导作用无效化。在环境分权管理地区，环境规制的"创新补偿效应"将失灵，且在缺乏政策指导作用时，企业节省下来的环境成本也并不一定用于技术创新。综上所述，环境分权管理会增加环境规制设计难度，设计不当的环境规制会抑制企业创新产出。基于此，本书提出命题8-1。

命题8-1：环境分权管理会抑制企业创新产出。

4.5.3.2 企业产权性质的调节效应

由于国有企业受其产权性质影响，会受到国家多元化利益目标与管理者有限理性的影响而偏离利润最大化目标，相较于非国有企业，国有企业创新意愿更低，即企业国有产权性质会抑制创新产出。环境保护与治理是当前国家多元化利益目标的重要组成部分，国有企业受到产权性质影响，面临来自国家（或代表国家持股的机构）更为严格的监督（于骥和岳洪竹，2018），更有意愿完成国家多元化利益目标。也就是说，相较于非国有企业，国有企业更有意愿将环境保护与治理纳入其创新决策，受环境规制影响较小。尽管环境分权管理会抑制企业创新产出，但由于面临来自中央严格的督查，在国有企业中这种抑制作用会减弱。

此外，融资约束理论主张，在现实社会中，企业容易受到融资约束影响而降低技术创新投入，如果内部资金不足，企业会倾向放弃高投入、高风险的技术创新，导致企业技术水平停滞不前，并且融资约束的存在加大了技术研发失败的风险，大部分企业管理者都是风险厌恶者。相较于国有企业来说，非国有企业更容易面临融资约束，也更容易在面临融资约束时削减研发投入。在环境分权管理过程中，非国有企业一旦出现内部资金流不充足，而又面临外部融资约束时，则既没有动机也没有能力进行技术创新；国有企业无论其内部资金流是否充足，其所面临的外部融资约束较小，既有动机又有能力进行技术创新。基于此，本书提出命题8-2。

命题8-2：企业的国有产权性质会缓解环境分权管理对企业创新产出的抑制作用。

4.5.3.3　企业盈利能力的调节效应

《中国企业自主创新评价报告（2007）》分析影响我国企业创新的主要因素，分别是研发费用过高（29%）、模仿企业太多（20%）、风险大（20%）、缺乏技术人员（19%）以及其他因素（12%）。由此可见，研发费用过高、资金不足是影响企业创新的最重要因素，而由于投资者与企业间存在信息不对称问题，外源融资不能成为企业研发活动的融资渠道。根据Spence（1973）提出的信号传递模型，盈利能力低的企业比盈利能力高的企业融资更难。也就是说，盈利能力低的企业由于研发资金不足而无力进行创新，盈利能力高的企业市场地位不易受到冲击；且相较于盈利能力低的企业，盈利能力高的企业具有较强的创新能力，当地方政府放松环境规制时，其具有更强的创新自主性，即当市场地位稳固且环境标准较为宽松时，无意愿进行创新。

此外，企业盈利能力是衡量企业经营者管理效率的主要指标，较高水平盈利能力代表经营者对企业进行高效管理。企业盈利能力越强，其所获得的资源也越充足，商业化水平也越高，对于市场复杂多变情况的应变能力也越强，即拥有更强的创新自主权和创新能力；与之相反，企业盈利能力越低，难以留存足够的冗余资源，其流动性资产积累不足，不易形成技术创新的连续性效应。也就是说，盈利能力越强的企业，其技术创新行为越灵活。在环境分权管理体系下，地方政府放松环境规制，盈利能力越强的企业越不会进行技术创新。基于此，本书提出命题8-3。

命题8-3：企业盈利能力会加重环境分权管理对企业创新产出能力的抑制作用。

4.5.3.4　环境信息披露质量的中介效应

根据合法性理论和利益相关者理论，企业需要满足政府等压力集团的信息需求，即通过改善环境信息披露质量，以得到社会和公众对其合法性的认可；在此基础上，制度理论解析外部压力的组成成分，认为规制压力通过制定规则和标准对企业进行制约，具有一定的强制性（张秀敏和杨连星，2016）。"唯GDP论"的晋升机制使得地方政府存在降低环境规制的动机，环境分权管理水平过高会降低环境规制强度，从而影响企业环境信息披露质量。而环境信息披露质量降低会凸显企业与银行等投融资机构之间存在的信息不对称问题，给企业融资带来巨大困难，资金短缺使得企业无力进行技术创新。

此外，随着环境问题的加剧恶化，企业绿色生产经营行为受到社会各利益相关主体更多的关注，对于要求其披露环境信息的呼吁也越发频繁。当前，企业主要面临来自政策导向的制度监管、舆论导向的社会监督以及效率导向的市场调控，促使其进行环境信息披露。其中，后两者虽会对企业环境信息披露行为产生较大影响，但更多为企业自愿性行为，环境分权管理并不会对其产生影响；而政策导向的制度监管则以法律法规为直接手段，强制要求污染性生产经营企业进行相关环境信息的公开，对企业环境信息披露形成硬约束（王建明，2008）。环境分权管理体系下，制度监管力度会遭到一定程度的削弱，降低企业环境信息披露质量，并且企业受到强制外部环境监督压力减少，会进一步降低其改善污染性生产经营行为的意愿，减少研发投入以降低成本。基于此，本书提出命题8-4。

命题8-4：环境分权管理会通过降低企业环境信息披露质量，进而影响技术创新。

4.6 本章小结

本章以传统环境联邦理论为基础，借鉴"污染天堂假说"、经济增长理论以及增长极理论，进行政府间环境策略博弈分析，考察环境分权管理对地区经济增长的影响；借鉴"波特假说"，运用环境分权管理与企业创新产出模型，进行技术创新路径分析，考察环境分权管理对企业创新产出的影响；借鉴世界可持续发展工商理事会（WBCSD）提出的绿色全要素生产率的测度方法，衡量绿色经济与可持续发展水平，考察环境分权管理对绿色经济与可持续发展水平的影响。

研究发现：环境分权管理会促进经济增长；环境分权管理对经济增长的促进作用存在正向空间溢出效应，即邻近地区环境分权管理会促进本地区经济增长；环境分权管理会通过降低环境规制强度，抑制企业创新产出，并进而抑制绿色经济与可持续发展；环境分权管理对绿色经济与可持续发展的抑制作用存在正向空间溢出效应，即邻近地区环境分权管理将促进本地区绿色经济与可持续发展。在此基础上，构建环境分权管理、技术创新和绿色经济与可持续发展的分析框架，并运用相关基础理论分析得出相应命题。

5 绿色经济与可持续发展水平的测算

　　改革开放以来，我国经济一直保持高速增长，但由于粗放型的发展模式以及长期处于国际价值链的中低端，经济增长的同时也对我国生态环境造成了严重的破坏。据统计，2015年我国生态破坏成本约为 0.63 万亿元，而污染损失成本更是高达 2 万亿元；分地区看，西部地区生态功能突出，环境污染损失相对较小，占比仅为 21.7%，而东部环境污染损失占比却高达 53.7%[①]。当前，我国已处于经济转型升级时期，中央表现出坚定的治污决心，甚至不惜牺牲部分经济增速，我国经济增长已由高速增长转入中高速增长的新常态阶段，研究环境资源约束下的经济发展具有重要意义。在此背景下，本章将考察我国及各省份绿色经济与可持续发展状况如何？呈现何种变化规律？是否存在空间异质性？形成原因是什么？

　　本章以生态效率为切入点，对测度指标和测度方法进行综述和说明后，以中国 30 个省级行政区（西藏和港澳台地区除外）为研究对象，采用 Super-SBM 模型测度 2008~2015 年全国及各地区的生产效率与绿色全要素生产率，以反映绿色经济与可持续发展状况，并研究其变化规律与空间异质性。此外，本章进一步将生产效率按各投入产出指标进行分解、将绿色全要素生

---

　　① 资料来源：《中国经济生态生产总值核算发展报告 2018》。

产率按技术效率与技术进步分解，解释绿色经济与可持续发展现状、空间异质性及变化规律的原因。考虑尚无权威机构公布资本存量的数据，借鉴现有文献，本章还重新估算了 2007~2015 年资本存量数据。

5.1　绿色全要素生产率的测度

世界可持续发展工商理事会（WBCSD）基于经济与环境双视角，提出生态效率的概念，或称为绿色全要素生产率，即以消耗较少的资源和产生较少的污染，而产出较多的产品和服务（Hinterberger 等，2000），符合绿色经济与可持续发展理念，得到学术界的普遍认同，从而成为测度绿色经济与可持续发展的重要概念和工具。至此，学术界开始使用绿色全要素生产率测度绿色生产效率，衡量绿色经济与可持续发展水平。

5.1.1　生产效率测度方法的评价

5.1.1.1　生产效率的测度方法

最基础衡量生产效率的指标为投入产出比，或被称为"部分生产率测度"（Partial Productivity Measures），与之相对应的是"全要素生产率测度"（Total Factor Productivity Measures），考虑多投入和多产出情况。而对于全要素生产率的测度，最常用的是 Farrell 效率（测度投入效率）和 Shephard 距离函数（测度产出效率）[①]，但都存在较大局限性。在此基础上，Graph Hyperbolic 测度将两者结合起来，构造出新的生产效率测度方法，用以分析同时减少投入和增加产出的情况，克服了 Farrell 效率所要求的同比例调整缺陷。

上述生产效率的测度方法都是属于静态范畴的。动态视角下，受技术进

---

① Shephard 距离函数是 Farrell 效率的导数。

步或自身生产行为影响，企业的生产可能性边界会发生移动。目前，Malmquist 指数是被普遍接受的用于测度全要素生产率的动态测度方法，可理解为技术效应与技术进步的乘积。其中，技术效应衡量企业自身效率的变化，反映企业管理水平与技术应用能力；而技术进步则反映的是生产可能性边界移动幅度。

5.1.1.2 传统 DEA 模型

Farrell（1957）首次引入"生产前沿"（Productive Frontier）概念，用以测度企业的生产效率，即在给定生产要素投入下的最大产出能力，而生产前沿函数则是指最具效率的生产单元集合所代表的一条生产效率边界。在此基础上，Berger 和 Humphrey（1997）总结了参数和非参数两种估算方法。其中，参数方法通过事先设定生产函数的具体形式，以及模型中随机扰动项的分布，进而测算生产效率。但现实情况却是企业的生产过程中会受到各种不可控因素影响，很难实现事先设定生产函数的具体形式。参数估算方法主要包括 SFA、DFA 以及 TFA 三种。非参数估算方法则放宽了上述假定的限制，运用数据包络分析法，采用线性规划模型，通过产生一组最优权重值，测度相对效率情况。非参数估算方法主要包括 CCR 模型、BBC 模型和 SBM 模型。其中，前两者属于径向效率的测度范畴，后者则属于非径向效率的测度范畴。

5.1.1.3 考虑非期望产出的 DEA 模型

在传统 DEA 模型的基础上，通过间接或直接两种方法，可测度包含非期望产出的 DEA 模型（Scheel，2001）。其中，间接方法是把非期望产出视为投入（Tyteca，1997），或取非期望产出的相反数（Koopmans，1951）、倒数（Golany 和 Roll，1989），处理成适用于 DEA 模型的形式；直接方法则是对生产技术施加新假设后，直接用于非期望产出的数据。比较两者优劣发现，间接方法的缺点是可能破坏模型的凸性要求，不能准确反映生产过程；直接方法的缺点则是忽略了 DMU 同质性假设及随机干扰因素影响，不能揭示绿色生产过程中的"黑箱"运作机制，得到的可能是存在偏误的估计结果。直接方法主要包括 DDF 模型（Chung 等，1997；Färe 等，2001）、SBM 模型（Tone，

2003；Zhou 等，2006）、SBI 模型（Fukuyama 和 Weber，2009），以及 RAM 模型（Sueyoshi 和 Goto，2011）。此外，网络 DEA 模型（Tone 和 Tsutsui，2009）、Bootstrap-DEA 方法（Simar 和 Wilson，1999；Zhang 等，2015）等也都是可供研究的测度方法。

5.1.1.4　DEA 模型设定

在应用 DEA 模型进行效率评价时，需要进行规模报酬假设，相较于 CRS 假设，VRS 假设更贴近现实（国涓等，2013），测算结果也更准确（Zheng 等，1998）。因此，本书选择 VRS 假设作为测度绿色全要素生产率的规模报酬设定（刘瑞翔和安同良，2012；周五七和聂鸣，2012）。

动态分析中，现有文献关于基准生产前沿面的主要构建方法包括当期 DEA、序列 DEA、窗口 DEA 和全局 DEA。其中，当期 DEA 会受到外生因素影响，得到的效率测算结果存在偏差，可能得出技术退步的反常结论（王兵等，2010）；序列 DEA 则利用当期及之前所有时期的投入、产出数据确定技术集（Tulkens 和 Eeckaut，1995），克服了上述问题，但存在无可行解的问题（周五七，2015）。窗口 DEA 是常用的面板数据分析方法，可解决 DMU 数量不足的问题（Charnes 等，1985），且通过窗口设置窗口前沿交叉 Malmquist 生产指数可克服 VRS 假设下无可行解的问题。因此，本书选择窗口前沿交叉 Malmquist 生产指数测度绿色全要素生产率。

5.1.2　Malmquist-Luemberger 指数

Chung 等（1997）基于 Malmquist 模型，运用包含非期望产出的方向距离函数，得到 Malmquist-Luemberger 指数（以下简称 ML 指数）。此后，任何包含非期望产出的 Malmquist 模型得出的 Malmquist 指数都可以称为 ML 指数。邻近前沿交叉参比是最常用的 Malmquist 生产率指数，针对其 VRS 模型无可行解的问题，一般将效率值 E 设为 1 予以解决，并不做过多额外说明。在此基础上，Färe 等（1992）借鉴 Caves 等（1982）的做法，将时期 t 到 $t+1$ 的邻近前沿交叉参比 Malmquist 指数（用 ML 表示）表示为：

$$ML(x_k^{t+1},\ y_k^{t+1},\ x_k^t,\ y_k^t)=\sqrt{\frac{E^t(x_k^{t+1},\ y_k^{t+1})}{E^t(x_k^t,\ y_k^t)}\frac{E^{t+1}(x_k^{t+1},\ y_k^{t+1})}{E^{t+1}(x_k^t,\ y_k^t)}} \qquad (5-1)$$

其中，E^t（x_k^t，y_k^t）和 E^t（x_k^{t+1}，y_k^{t+1}）分别表示 k 在两个时期的技术效率值，衡量不同时期技术效率的变化，反映企业自身效率的提升程度，并将技术效率（EC）表示为：

$$EC=\frac{E^{t+1}(x_k^{t+1},\ y_k^{t+1})}{E^t(x_k^t,\ y_k^t)} \qquad (5-2)$$

用几何平均值作为技术进步（TC），反映生产可能性边界移动幅度，可表示为：

$$TC=\sqrt{\frac{E^t\ (x_k^t,\ y_k^t)}{E^{t+1}\ (x_k^t,\ y_k^t)}\frac{E^t\ (x_k^{t+1},\ y_k^{t+1})}{E^{t+1}\ (x_k^{t+1},\ y_k^{t+1})}} \qquad (5-3)$$

从而得到 Malmquist 指数、技术效率和技术进步三者之间的数量关系为：$ML=EC\times TC$，即 Malmquist 生产率指数可分解为技术效率和技术进步两部分。

$$ML(x_k^{t+1},\ y_k^{t+1},\ x_k^t,\ y_k^t)=\sqrt{\frac{E^t(x_k^{t+1},\ y_k^{t+1})}{E^t(x_k^t,\ y_k^t)}\frac{E^{t+1}(x_k^{t+1},\ y_k^{t+1})}{E^{t+1}(x_k^t,\ y_k^t)}}$$

$$=\frac{E^{t+1}(x_k^{t+1},\ y_k^{t+1})}{E^t(x_k^t,\ y_k^t)}\sqrt{\frac{E^t(x_k^t,\ y_k^t)}{E^{t+1}(x_k^t,\ y_k^t)}\frac{E^t(x_k^{t+1},\ y_k^{t+1})}{E^{t+1}(x_k^{t+1},\ y_k^{t+1})}}$$

$$(5-4)$$

5.1.3 Super-SBM 模型

5.1.3.1 SBM 模型

SBM 模型最早是由 Tone（2001）提出，用以描述效率测量过程中松弛部门的改进情况，具体可表示为：

$$\min\rho=\frac{1-\frac{1}{m}\sum_{i=1}^{m}s_i^-/x_{ik}}{1+\frac{1}{q}\sum_{r=1}^{q}s_r^+/y_{rk}}$$

s. t. $X\lambda + s^- = x_k$

$$Y\lambda - s^+ = y_k \tag{5-5}$$

SBM 模型采用 ρ^* 表示被评价 DMU 的效率值，它同时从投入和产出两个角度来对无效率状况进行测量，因此称为非导向（Non-oriented）模型。在非导向模型中，投入和产出数据中均不能出现 0。

非导向的 SBM 模型是非线性规划，可按以下步骤转化为线性规划。

（1）令 $t = \dfrac{1}{1 + \dfrac{1}{q}\sum\limits_{r=1}^{q} s_r^+/y_{rk}}$，模型（5-5）可以转换为：

$$\min\rho = t - \frac{1}{m}\sum_{i=1}^{m} ts_i^-/x_{ik}$$

s. t. $Xt\lambda + ts^- - tx_k = 0$

$Yt\lambda - ts^+ - ty_k = 0$

$$t = \frac{1}{1 + \dfrac{1}{q}\sum\limits_{r=1}^{q} s_r^+/y_{rk}} \tag{5-6}$$

（2）令 $S^- = ts^-$，$S^+ = ts^+$，$\Lambda = t\lambda$，模型（5-6）可进一步转化为：

$$\min\rho = t - \frac{1}{m}\sum_{i=1}^{m} tS^-/x_{ik}$$

s. t. $X\Lambda + S^- - tx_k = 0$

$Y\Lambda - S^+ - ty_k = 0$

$$t = \frac{1}{1 + \dfrac{1}{q}\sum\limits_{r=1}^{q} s_r^+/y_{rk}} \tag{5-7}$$

非导向的 SBM 模型为：

$$\min\rho = \frac{1 - \dfrac{1}{m}\sum\limits_{i=1}^{m} s_i^-/x_{ik}}{1 + \dfrac{1}{q}\sum\limits_{r=1}^{q} s_r^+/y_{rk}}$$

$$s.\,t.\,X\lambda + s^- = x_k$$

$$Y\lambda - s^+ = y_k$$

$$\lambda,\ s^-,\ s^+ \geqslant 0 \qquad\qquad (5-8)$$

表 5-1 总结了 3 种导向的 SBM 模型的规划式。

表 5-1　各类 SBM 模型的规划式

模型	投入导向	产出导向	非导向
CRS	$\min\rho = 1 - \dfrac{1}{m}\sum\limits_{i=1}^{m} s_i^-/x_{ik}$ s. t. $X\lambda + s^- = x_k$ $Y\lambda \geqslant y_k$ $\lambda,\ s^- \geqslant 0$	$\min\dfrac{1}{\rho} = 1 + \dfrac{1}{q}\sum\limits_{r=1}^{q} s_r^+/y_{rk}$ s. t. $X\lambda \leqslant x_k$ $Y\lambda - s^+ = y_k$ $\lambda,\ s^+ \geqslant 0$	$\min\rho = \dfrac{1 - \dfrac{1}{m}\sum\limits_{i=1}^{m} s_i^-/x_{ik}}{1 + \dfrac{1}{q}\sum\limits_{r=1}^{q} s_r^+/y_{rk}}$ s. t. $X\lambda + s^- = x_k$ $Y\lambda - s^+ = y_k$ $\lambda,\ s^-,\ s^+ \geqslant 0$
VRS	$e\lambda = 1$		
NDRS	$e\lambda \geqslant 1$		
NIRS	$e\lambda \leqslant 1$		
GRS	$L_{\sum\lambda} \leqslant e\lambda \leqslant U_{\sum\lambda}$		

SBM 模型求解的效率值均存在以下关系：VRS 效率值≥CRS 效率值。

此外，由于 SBM 模型提供的目标值并非以最短路径到达前沿，Tone（2002，2003）分别对松弛变量进行了修正，最终提出了 Super-SBM 模型，用于继续排序有效单元。

5.1.3.2　Super-SBM 模型

VRS 假设下的非导向 Super-SBM 模型为：

$$\min\rho_{SE} = \frac{1 - \dfrac{1}{m}\sum\limits_{i=1}^{m} s_i^-/x_{ik}}{1 + \dfrac{1}{q}\sum\limits_{r=1}^{q} s_r^+/y_{rk}}$$

$$s.\,t.\ \sum_{j=1,\,j\neq k}^{n} x_{ij}\lambda_j - s_i^- \leqslant x_{ik}$$

$$\sum_{j=1,\,j\neq k}^{n} y_{ij}\lambda_j + s_i^+ \geqslant y_{rk}$$

$$\lambda,\ s^-,\ s^+\geqslant0$$

$$i=1,\ 2,\ \cdots,\ m;\ r=1,\ 2,\ \cdots,\ q;\ j=1,\ 2,\ \cdots,\ n\ (j\neq k)$$

$$\sum_{j=1,\ j\neq k}^{n}\lambda_j=1 \tag{5-9}$$

Super-SBM 模型得到的是被评价 DMU 距离由其他 DMU 构成的前沿最小距离，其投影值并不一定是强有效，因此 Super-SBM 模型可被认为是 Super-MinDS 模型和 Super-MinDW 模型的求解模型。此外，选用非导向 Super-SBM 模型还可避免投入和产出导向 Super-SBM 模型无可行解的问题。本书选取 VRS 假设下的非导向 Super-SBM 模型测度绿色全要素生产率。

5.2 研究设计

5.2.1 样本选取和数据来源

本书所使用的劳动力投入、资本存量以及期望产出数据均来自历年《中国统计年鉴》；由于《中国统计年鉴》并未直接公布各省份的资本存量数据，本书通过获取基期资本存量、折旧率、当期投资、当期固定资产投资价格指数等数据经过计算所得，具体测算方法在资本存量定义中进行了详细说明。能源投入数据来自历年《中国能源统计年鉴》。非期望产出数据均来自历年《中国环境统计年鉴》。

本书运用 MaxDEA 8 软件测算 2008~2015 年 30 个省级行政区（西藏和港澳台地区除外）的绿色全要素生产率（GTFP），因此选择 2007~2015 年的各省级行政区（西藏和港澳台地区除外）上述各数据，并以 2007 年作为基年进行基期化处理，最终得到 2007~2015 年共 30 个省级行政区 270 个样本观测值的平衡面板数据。相关变量描述性统计如表 5-2 所示。

表 5-2 投入产出指标描述性统计

变量名称	变量符号	N	均值	标准差	最小值	最大值	单位
资本存量	K	270	34761.4	27306.79	2231.211	147364.9	亿元
劳动投入	L	270	2617.055	1729.119	298.560	6636.000	万人
能源消耗	$Energy$	270	13272.97	8165.223	1057.000	38899.25	万吨标准煤
总产值	Y	270	10468.99	8220.830	797.350	35896.48	亿元
化学需氧量	COD	270	62.931	43.623	7.457	198.250	万吨
氨氮	NH	270	6.400	4.603	0.690	23.089	万吨
二氧化硫	SO_2	270	71.847	41.744	2.174	182.740	万吨

5.2.2 变量定义

本书测算的是绿色全要素生产率（$GTFP$），而非传统的全要素生产率（TFP）。绿色全要素生产率测算不仅需要考虑传统投入（劳动力 L 和资本存量 K）、产出（总产值 Y）等变量，而且还需将其他资源消耗与环境污染纳入其测算框架体系中。本书使用 SBM 模型测算 ML 指数，对考虑了能源（$Energy$）投入以及二氧化硫（SO_2）、化学需氧量（COD）、氨氮（NH）等非期望产出的绿色全要素生产率（$GTFP$）进行估算。各指标选取具体如下：

（1）投入指标。选择劳动力（L）、资本存量（K）和能源（$Energy$）作为投入指标。对于劳动力投入，理论上由劳动时间和从业人员人数两类衡量指标，考虑数据可得性，本书采用各省份年末就业人数衡量劳动力（L）投入，单位为万人。由于能源消耗是非期望产出的主要来源，本书采用折算为万吨标准煤单位的能源消费量作为能源（$Energy$）投入，纳入测算模型中。

资本存量（K）是绿色全要素生产率测算中的一个必要的投入变量，但由于目前国家统计局并未公布各省份的资本存量，而对于资本存量的测算，本书借鉴张军和章元（2003）、单豪杰（2008）的做法，采用永续盘存法估算资本存量，估算公式如下：

$$K_{it} = K_{it-1}(1-\alpha) + I_{it}/P_{it} \tag{5-10}$$

其中，i 代表省份，t 代表年份，α 代表折旧率，I 代表固定资本投资总额，P 代表固定资产价格投资指数。由式（5-10）可得，资本存量的测算取决于基期资本存量、折旧率、当期投资、当期固定资产投资价格指数，具体测算方法如下：

第一，基期资本存量的估算。在测算资本存量时，常用的基期年份有1952 年（张军和章元，2003；单豪杰，2008）、1978 年（张军等，2004）、样本初始年份（朱文涛等，2019；周国富和张春红，2019），但由于对基期设定的不同，所得数据差异较大。本书研究重点为测算绿色全要素生产率，而非创新资本存量的测算方法，采用样本初始年份作为基期年份，以此得到的资本存量为基期资本存量。

第二，关于折旧率的处理。在测算资本存量时，关于折旧率的处理十分重要，资本存量的测算结果对折旧率的处理异常敏感。由于所采用的资料和处理方法的不同，所得折旧率也各不相同，比较具有代表性的折旧率有5%（王小鲁等，2000）、9.6%（张军等，2004，朱文涛等，2019）、10.9%（单豪杰，2008），由于需要考虑样本年份内，我国固定资产投资结构变化趋势对折旧率处理的影响，本书选取 10.9%作为折旧率。

第三，当期投资的选取。不同的文献对当期投资的选取也采用了不同的方法，常用的有生产性积累数据（贺菊煌，1992；Chow，1993）、固定资本形成额（王小鲁等，2000；单豪杰，2008）。许宪春（2002）将固定资本形成额归纳为固定资本投资额、土地购置费、旧建筑物和旧设备购置费、50 万元以下零星固定资产投资额、商品房销售增值、商品房所有权转移费用、生产性无形固定资产增加以及土地改良支出。在此基础上，单豪杰（2008）考虑永续盘存法下资本投资选取的处理，得到固定资本形成额的时间序列，本书借鉴其做法，选用固定资本形成额作为当期投资。

第四，当期固定资产投资价格指数的确定。相较于早期文献，样本年份时间段国家统计局已公布了固定资产投资价格指数，因此本书根据相应年份《中国统计年鉴》的数据确定当期固定资产投资价格指数。

综上所述，为测算 2008～2015 年 30 个省级行政区（西藏和港澳台地区除外）的绿色全要素生产率，则需 2007～2015 年的资本存量。本书以 2007 年资本存量为基期，选取折旧率为 10.9%，测算 2007～2015 年 30 个省级行政区（西藏和港澳台地区除外）的资本存量，单位为亿元。具体测算结果如附表 1 所示。

（2）产出指标。对于期望产出的数据指标选择，主要包括增加值（涂正革和肖耿，2009；杨俊和邵汉华，2009；王兵和王丽，2010）、总产值（陈诗一，2010；董敏杰等 2012；涂正革和谌仁俊，2013；王兵和罗佑军，2015）。鉴于企业生产过程工序，以及数据的可得性和完备性，本书最终选用总产值（Y）为期望产出的指标变量，采用各省的实际 GDP 衡量，即通过 GDP 平减指数，将各省份的名义 GDP 转换为以 2007 年为基期的实际 GDP。

在当前测算绿色发展效率的文献中，选择的非期望产出指标也不尽相同。"十二五"规划纲要指出，当前污染物总量控制规划主要包括工业废气中的二氧化硫（SO_2）、氮氧化物和废水中的化学需氧量（COD）、氨氮（NH）。也有文献选择 CO_2 作为非期望产出（刘华军和曲惠敏，2019；朱文涛等，2019），但由于尚无官方权威机构公布 CO_2 排放数据，各类文献对 CO_2 排放数据的获取与处理各不相同，考虑数据可得性和合理性，本书选择二氧化硫（SO_2）、化学需氧量（COD）以及氨氮（NH）作为非期望产出指标。

5.2.3 描述性统计

由表 5-2 的描述性统计结果可知，各指标在样本区间差异较大。对于各投入产出变量数据，以劳动投入量为例，最小值为 298.56 万人，最大值为 6636 万人，区域之间存在显著差异，其余各投入变量数据也呈现出相似的分布特征。此外，与现有文献相比（李玲，2012），由于样本年份选取的原因，本书描述性统计结果各非期望产出数据相对较小，反映我国环境治理已取得一定的效果，但依然很严重，与现实保持一致，说明本书样本选取和指标选择的科学性和有效性。

5.3 绿色全要素生产率的测度结果与分析

本书通过 MaxDEA 8 软件,对考虑二氧化硫、化学需氧量、氨氮三种非期望产出的 30 个省级行政区(西藏和港澳台地区除外)绿色全要素生产率进行估算,从生产效率和绿色全要素生产率两方面进行分析,并将上述两变量进行进一步分解并讨论。其中,效率是全要素生产率的基础,若要测算绿色全要素生产率,必先计算生产效率,而由于 MaxDEA 8 软件提供的生产效率数据为无效率值,其值越大代表生产效率水平越低,本书借鉴李玲(2012)的做法,采用无效率值衡量生产效率。

5.3.1 分区域生产效率及其分解

表 5-3 报告了 2008~2015 年 VRS 假设下分区域生产无效率均值及其分解值。此外,为进一步探究各地区无效率生产的原因,对各地区无效率值按投入、产出进行分解。在表 5-3 中,总体来看,全国生产无效率值为 3.495,说明当前我国生产效率还存在很大的改进空间。其中,资本存量无效率值为 0.098,劳动投入无效率值为 0.522,能源消耗无效率值为 0.389,总产值无效率值为 0.305,化学需氧量无效率值为 0.707,氨氮无效率值为 0.668,二氧化硫无效率值为 0.806,意味着要实现绿色有效生产,应减少 9.8% 的资本存量和 52.2% 的劳动投入,同时增加 30.5% 的总产值,降低 38.9% 的能源消耗、70.7% 的化学需氧量污染、66.8% 的氨氮与 80.6% 的二氧化硫排放。换句话说,从各投入无效率值看,当前我国劳动冗员严重,人口红利依然存在,应改变经济发展方式以进一步释放人口红利,提升区域生产效率;从各产出无效率看,当前我国环境治理任务依然严峻,要实现绿色经济与可持续发展,提高环境管理效率是重中之重。

表 5-3 2008~2015 年 VRS 假设下分区域生产无效率均值及其分解值

区域	省份	资本存量	劳动投入	能源消耗	总产值	化学需氧量	氨氮	二氧化硫	总值
东部地区	北京	0.000	0.000	0.000	0.000	0.000	0.000	0.000	0.000
	天津	0.284	0.000	0.282	0.200	0.305	0.336	0.507	1.914
	河北	0.183	0.532	0.605	0.000	0.645	0.566	0.771	3.302
	山东	0.077	0.213	0.178	0.000	0.277	0.114	0.308	1.167
	上海	0.000	0.000	0.000	0.000	0.000	0.000	0.000	0.000
	江苏	0.000	0.000	0.000	0.000	0.000	0.000	0.000	0.00
	浙江	0.011	0.146	0.033	0.000	0.036	0.092	0.157	0.475
	福建	0.194	0.554	0.345	0.072	0.730	0.712	0.746	3.354
	广东	0.000	0.000	0.000	0.000	0.000	0.000	0.000	0.000
	海南	0.000	0.000	0.000	0.000	0.000	0.000	0.000	0.000
	黑龙江	0.001	0.492	0.476	0.323	0.841	0.768	0.821	3.722
	吉林	0.083	0.226	0.216	0.810	0.755	0.627	0.751	3.468
	辽宁	0.298	0.390	0.584	0.000	0.752	0.684	0.824	3.531
	均值	0.087	0.196	0.209	0.108	0.334	0.300	0.376	1.610
中部地区	安徽	0.032	0.749	0.389	0.201	0.791	0.788	0.823	3.774
	湖北	0.225	0.697	0.551	0.004	0.825	0.824	0.833	3.960
	湖南	0.179	0.714	0.527	0.001	0.853	0.850	0.848	3.973
	江西	0.000	0.647	0.239	0.217	0.766	0.745	0.857	3.471
	山西	0.000	0.450	0.673	0.341	0.655	0.686	0.927	3.733
	河南	0.315	0.657	0.432	0.000	0.613	0.588	0.737	3.341
	均值	0.125	0.652	0.469	0.127	0.751	0.747	0.837	3.709
西部地区	内蒙古	0.198	0.169	0.613	0.477	0.743	0.635	0.928	3.764
	陕西	0.054	0.461	0.336	0.508	0.673	0.661	0.888	3.581
	广西	0.568	5.113	2.137	3.963	6.529	6.130	6.804	31.245
	贵州	0.000	0.683	0.537	0.197	0.595	0.591	0.893	3.496
	四川	0.198	0.731	0.570	0.000	0.813	0.784	0.842	3.938
	云南	0.010	0.669	0.396	0.637	0.671	0.603	0.853	3.840
	重庆	0.000	0.467	0.329	0.489	0.599	0.641	0.839	3.364

续表

区域	省份	资本存量	劳动投入	能源消耗	总产值	化学需氧量	氨氮	二氧化硫	总值
西部地区	甘肃	0.000	0.652	0.453	0.105	0.584	0.669	0.820	3.283
	青海	0.000	0.000	0.000	0.000	0.000	0.000	0.000	0.000
	新疆	0.000	0.253	0.566	0.516	0.734	0.640	0.874	3.585
	宁夏	0.033	0.009	0.191	0.082	0.413	0.309	0.519	1.557
	均值	0.097	0.837	0.557	0.634	1.123	1.060	1.296	5.605
总体均值		0.098	0.522	0.389	0.305	0.707	0.668	0.806	3.495

分地区看，东部沿海地区无效率值及其分解值均小于中西部地区，说明当前我国东部地区生产效率高于中西部地区生产效率，考虑到东部地区环境分权管理水平普遍低于中西部地区，意味着环境分权管理与无效率值在空间上呈现相同分布特征、与生产效率在空间上呈相反分布特征，即环境分权管理水平越高的地区，其无效率值越高、生产效率越低。此外，北京、上海、江苏、广东等发达地区总体无效率值为零，各投入、产出无效率值也为零，说明我国环境治理也取得一定成效，部门经济发达地区生产结构已调整完毕；绿色经济与可持续发展和本地区经济发展水平息息相关。

5.3.2 分省份绿色全要素生产率及其分解

5.3.2.1 绿色全要素生产率（GTFP）

表5-4报告了2008~2015年VRS假设下分地区绿色全要素生产率（GTFP）。如表5-4所示，绿色全要素生产率呈现明显的波动态势。就全国层面而言，绿色全要素生产率自2008年后呈逐年交叉下降上升变动趋势，在2011~2013年实现两连增，此后又呈现交叉下降上升变动趋势。考虑我国现行的是环境分权管理体系，地方政府拥有较大的自由裁量权，会根据自身发展需求而调整相应的环境标准，在经济增长和环境保护中形成政策引导，加之地方政府面临经济增长与环境保护的两难抉择，因此在全国层面形成交叉下降上升波动态势。分地区看，绿色全要素生产率大于1（如江苏）或波动

上升（如天津）的省份多为东部沿海发达地区，且环境分权管理水平较低，说明当前东部沿海地区正在进行经济发展方式转型，政府政策导向为绿色经济与可持续发展，尽管部分地区粗放发展方式下环境污染造成的效率损失仍有待修复，但值得肯定的是，环境治理已取得初步成效。

表 5-4　2008~2015 年 VRS 假设下分地区绿色全要素生产率（*GTFP*）

区域	省份	2008 年	2009 年	2010 年	2011 年	2012 年	2013 年	2014 年	2015 年
东部地区	北京	1.030	0.988	1.021	0.849	1.006	1.018	1.014	1.031
	天津	0.877	0.711	0.835	0.723	0.951	0.988	0.962	0.978
	河北	1.041	0.905	1.000	0.904	0.908	0.926	0.907	0.871
	山东	1.249	0.994	1.149	0.499	0.954	1.012	0.943	0.926
	上海	0.999	0.991	1.003	1.002	0.957	0.996	0.989	0.998
	江苏	1.088	0.998	1.067	0.956	1.000	1.003	1.001	1.000
	浙江	1.221	1.028	1.187	0.755	0.929	0.929	0.908	0.971
	福建	0.912	0.903	0.916	0.832	0.919	0.946	0.914	0.939
	广东	1.002	0.982	0.995	0.986	0.987	0.991	0.991	0.993
	海南	0.989	0.957	0.926	0.349	0.945	0.964	0.909	0.982
	黑龙江	0.876	0.863	1.032	0.954	1.009	1.027	0.993	0.985
	吉林	1.067	1.050	1.003	0.875	0.947	0.974	0.958	0.964
	辽宁	0.983	0.865	1.040	0.933	0.965	0.971	0.943	0.958
	均值	1.026	0.941	1.013	0.817	0.960	0.980	0.956	0.969
中部地区	安徽	0.983	0.952	1.023	0.931	0.963	0.953	0.939	0.928
	湖北	0.949	0.908	0.951	0.929	0.941	0.985	0.940	0.934
	湖南	0.921	0.804	0.943	0.948	0.928	0.975	0.933	0.934
	江西	1.010	0.946	1.025	0.958	1.013	1.014	1.001	1.001
	山西	0.983	0.861	1.031	0.987	1.009	0.998	0.997	1.005
	河南	0.990	0.834	1.026	0.809	0.922	0.961	0.924	0.911
	均值	0.973	0.884	1.000	0.927	0.963	0.981	0.956	0.952
西部地区	内蒙古	1.056	0.986	0.912	0.839	0.904	0.921	0.929	0.952
	陕西	1.029	1.022	1.026	0.928	0.946	0.958	0.996	0.922
	广西	0.937	0.960	1.050	0.983	0.934	0.951	0.937	0.947

续表

区域	省份	2008 年	2009 年	2010 年	2011 年	2012 年	2013 年	2014 年	2015 年
西部地区	贵州	1.023	0.978	1.021	0.907	0.998	1.033	0.997	1.003
	四川	1.016	0.889	0.977	0.930	0.931	0.965	0.928	0.907
	云南	1.020	1.011	1.019	0.905	0.997	1.024	0.972	0.950
	重庆	1.039	0.995	1.012	0.933	1.003	1.059	0.995	1.000
	甘肃	0.973	0.930	1.020	0.626	0.645	1.019	1.005	0.994
	青海	0.973	0.917	0.914	0.747	0.945	0.949	0.949	0.958
	新疆	1.009	0.983	1.019	0.912	0.971	0.973	0.993	0.977
	宁夏	1.485	0.656	0.763	0.823	0.773	0.768	0.769	0.759
	均值	1.051	0.939	0.976	0.867	0.913	0.966	0.952	0.943
总体均值		1.024	0.929	0.997	0.857	0.943	0.975	0.955	0.956

5.3.2.2 技术效应（EC）

表 5-5 报告了 2008~2015 年 VRS 假设下分地区技术效应（EC）。如表 5-5 所示，技术效应亦呈现明显的波动态势。就全国层面而言，在样本年份期间，技术效应呈逐年交叉下降上升变动趋势。相较于绿色全要素生产率，技术效应波动幅度更小，但波动态势基本保持一致，这意味着我国企业自身效率提升易受环境政策影响。分地区看，如上海、江苏、广东等东部沿海地区，其技术效率较高但增长乏力，说明对于东部沿海地区而言，其绿色全要素生产率的提高主要贡献来自于技术进步（TC）。换句话说，当前我国东部沿海地区已开始转型升级，走绿色经济与可持续发展道路。就中西部地区而言，如陕西、江西、山西、重庆，其样本年份区间均值分别为 0.994、0.992、1.003、1.000，技术效率总体波动态势较平稳，意味着其也处于经济转型升级的当口。

表 5-5 2008~2015 年 VRS 假设下分地区技术效应（EC）

区域	省份	2008 年	2009 年	2010 年	2011 年	2012 年	2013 年	2014 年	2015 年
东部地区	北京	1.000	1.000	1.000	1.000	1.000	1.000	1.000	1.000
	天津	1.029	0.852	0.843	1.097	0.974	0.986	0.981	0.980
	河北	1.118	0.964	0.978	0.966	0.949	0.934	0.943	0.899

续表

区域	省份	2008 年	2009 年	2010 年	2011 年	2012 年	2013 年	2014 年	2015 年
东部地区	山东	1.000	1.000	1.000	0.590	0.999	1.028	0.968	0.957
	上海	1.000	1.000	1.000	1.000	1.000	1.000	1.000	1.000
	江苏	1.000	1.000	1.000	1.000	1.000	1.000	1.000	1.000
	浙江	1.059	1.059	1.114	0.886	0.989	0.973	0.979	0.975
	福建	0.959	0.956	0.961	0.912	0.972	0.963	0.951	0.969
	广东	1.000	1.000	1.000	1.000	1.000	1.000	1.000	1.000
	海南	1.000	1.000	1.000	1.000	1.000	1.000	1.000	1.000
	黑龙江	0.909	0.982	1.011	0.977	0.999	1.006	1.003	0.995
	吉林	1.036	1.044	1.013	0.934	0.985	0.988	0.992	0.989
	辽宁	0.974	0.960	1.033	0.963	0.994	0.962	0.974	0.980
	均值	1.006	0.986	0.996	0.948	0.989	0.988	0.984	0.980
中部地区	安徽	0.989	1.014	1.007	0.978	0.985	0.947	0.972	0.966
	湖北	0.956	0.969	0.985	0.969	0.969	0.969	0.978	0.959
	湖南	0.953	0.928	0.968	0.975	0.965	0.967	0.974	0.965
	江西	1.007	1.009	1.002	1.012	0.974	0.964	0.986	0.983
	山西	1.031	0.982	1.014	1.030	0.995	0.976	0.995	1.002
	河南	0.986	0.945	1.069	0.908	0.965	0.964	0.957	0.939
	均值	0.987	0.974	1.008	0.979	0.976	0.965	0.977	0.969
西部地区	内蒙古	1.038	1.013	0.930	0.934	0.955	0.948	0.964	0.981
	陕西	1.004	1.015	1.014	1.002	0.966	0.964	1.037	0.951
	广西	0.944	1.032	1.030	1.033	0.958	0.966	0.978	0.978
	贵州	1.071	0.961	1.007	1.025	1.006	1.024	1.003	1.003
	四川	1.043	0.951	0.970	0.957	0.968	0.959	0.970	0.933
	云南	0.996	1.009	0.997	0.980	0.993	0.998	0.993	0.962
	重庆	1.016	0.991	0.990	1.005	0.995	1.024	0.988	0.988
	甘肃	0.994	0.994	1.008	1.065	1.004	0.996	1.002	0.992
	青海	1.000	1.000	1.000	1.000	1.000	1.000	1.000	1.000
	新疆	0.993	0.983	1.002	0.971	0.966	0.954	0.986	0.975
	宁夏	1.456	0.694	0.956	0.954	1.027	1.015	1.010	0.990
	均值	1.050	0.968	0.991	0.993	0.985	0.986	0.994	0.978
总平均值		1.019	0.977	0.997	0.971	0.985	0.982	0.986	0.977

5.3.2.3 技术进步（TC）

表 5-6 报告了 2008～2015 年 VRS 假设下分地区技术进步（TC）。如表 5-6 所示，技术进步亦呈现明显的波动态势。就全国层面而言，技术进步自 2008 年开始呈逐年交叉下降上升变动趋势，在 2011～2013 年实现两连增，此后又呈现交叉下降上升变动趋势，与绿色全要素生产率波动态势完全一致。结合技术效应波动态势，发现对于当前我国绿色全要素增长率的变化，技术进步的贡献在增加，正在逐步成为绿色全要素生产率变化的主导因素。考虑在样本年份期间，绿色全要素生产率与技术进步值多低于 1，说明我国经济转型升级尚未完成，仍处于经济转型升级阵痛期，粗放型经济发展方式下的效率损失仍有待进一步修复。

表 5-6　2008～2015 年 VRS 假设下分地区技术进步（TC）

区域	省份	2008 年	2009 年	2010 年	2011 年	2012 年	2013 年	2014 年	2015 年
东部地区	北京	1.030	0.988	1.021	0.849	1.006	1.018	1.014	1.031
	天津	0.852	0.835	0.990	0.660	0.976	1.002	0.980	0.998
	河北	0.931	0.938	1.023	0.936	0.956	0.992	0.961	0.969
	山东	1.249	0.994	1.149	0.846	0.955	0.985	0.975	0.968
	上海	0.999	0.991	1.003	1.002	0.957	0.996	0.989	0.998
	江苏	1.088	0.998	1.067	0.956	1.000	1.003	1.001	1.000
	浙江	1.152	0.971	1.065	0.852	0.940	0.954	0.928	0.996
	福建	0.950	0.945	0.952	0.912	0.946	0.982	0.961	0.969
	广东	1.002	0.982	0.995	0.986	0.987	0.991	0.991	0.993
	海南	0.989	0.957	0.926	0.349	0.945	0.964	0.970	0.982
	黑龙江	0.965	0.879	1.021	0.977	1.011	1.020	0.991	0.990
	吉林	1.030	1.006	0.990	0.937	0.961	0.987	0.966	0.976
	辽宁	1.009	0.901	1.007	0.968	0.971	1.009	0.968	0.978
	均值	1.019	0.953	1.016	0.864	0.970	0.993	0.972	0.988
中部地区	安徽	0.994	0.940	1.015	0.952	0.978	1.007	0.966	0.961
	湖北	0.993	0.937	0.965	0.959	0.971	1.016	0.961	0.974
	湖南	0.967	0.866	0.973	0.972	0.962	1.008	0.958	0.968

续表

区域	省份	2008 年	2009 年	2010 年	2011 年	2012 年	2013 年	2014 年	2015 年
中部地区	江西	1.003	0.938	1.023	0.946	1.040	1.051	1.016	1.019
	山西	0.954	0.877	1.017	0.959	1.014	1.022	1.002	1.003
	河南	1.004	0.883	0.959	0.890	0.955	0.997	0.966	0.971
	均值	0.986	0.907	0.992	0.946	0.987	1.017	0.978	0.983
西部地区	内蒙古	1.017	0.973	0.980	0.898	0.947	0.972	0.963	0.970
	陕西	1.025	1.007	1.012	0.927	0.980	0.994	0.960	0.970
	广西	0.992	0.930	1.018	0.952	0.974	0.985	0.959	0.968
	贵州	0.956	1.017	1.013	0.885	0.992	1.008	0.994	1.000
	四川	0.974	0.935	1.007	0.973	0.962	1.005	0.957	0.972
	云南	1.024	1.002	1.022	0.924	1.004	1.026	0.979	0.988
	重庆	1.023	1.004	1.022	0.928	1.008	1.034	1.008	1.012
	甘肃	0.979	0.935	1.012	0.588	0.643	1.024	1.004	1.002
	青海	0.973	0.917	0.914	0.747	0.945	0.949	0.949	0.958
	新疆	1.017	1.000	1.016	0.940	1.005	1.021	1.007	1.002
	宁夏	1.020	0.944	0.797	0.863	0.753	0.757	0.761	0.767
	均值	1.000	0.969	0.983	0.875	0.928	0.980	0.958	0.964
总平均值		1.005	0.950	0.999	0.884	0.958	0.993	0.968	0.978

综上所述，通过对绿色全要素生产率（GTFP）、技术效应（EC）以及技术进步（TC）测算结果的分析，发现我国绿色生产效率呈现交叉变化态势，这主要因为我国已处于经济转型升级时期，中央表现出坚定的治污决心，甚至不惜牺牲部分经济增速，高压态势下地方政府面临环境保护与经济增长的两难抉择；在样本年份期间，绿色全要素生产率与技术进步除波动态势高度一致外，还均整体出现下降，可以理解为转型过程中的结构性效率损失，这与余永泽等（2019）的测算结果趋势相一致。

5.4　本章小结

为反映中国整体及各区域绿色经济与可持续发展状况，研究其变化规律、空间分布特征以及形成原因，本章选取 2007～2015 年中国 30 个省级行政区（西藏和港澳台地区除外）的资源消耗、环境污染和经济发展数据，使用 Super-SBM 模型对绿色全要素生产率进行测算。基于测算结果，对中国绿色经济与可持续发展水平的特征趋势及非均衡特性进行深入分析。此外，为了使研究结果更加可靠，本书以样本初始年份为基期，重新测算了样本时间段的资本存量。

本章研究发现，当前我国经济发展存在以下特征：劳动冗员严重，人口红利依然存在，需改变经济发展方式以进一步释放人口红利，提升区域生产效率；环境治理任务依然严峻，要实现绿色经济与可持续发展，提高环境治理效率是重中之重；经济转型升级尚未完成，仍处于经济转型升级阵痛期，粗放型经济发展方式下的效率损失仍有待进一步修复；技术进步正在逐步成为绿色全要素生产率变化的主导因素；我国政府依然面临环境保护与经济增长的两难抉择，经济发展方式转型过程中存在结构性效率损失。

6 环境分权管理和绿色经济与可持续发展

我国自 1973 年正式介入环境保护领域以来，长期建设过程中形成环境分权管理体系，收效甚微。随着生态环境的加剧恶化，中央环保部门开始增加人力、物力的投入，加大地区环境治理的督查和考核力度；党的十八大报告首次将生态文明建设提升至国家战略层面，指出要从经济、政治、文化、社会、生态五位一体的角度发展中国特色社会主义事业；此后，党的十九大报告更是指出，进一步加大生态系统保护力度，改革生态环境监管体制，并提出构建政府—企业—社会组织—公众联合参与的环境管理体系。由此可见，我国环境保护工作不仅未曾放松，还在进一步加强，研究环境管理体系和绿色经济与可持续发展的内在联系，对于改革生态环境管理体系、实现地区绿色经济与可持续发展，具有十分重要的理论价值和现实意义。在此背景下，本章尝试对以下几个问题进行探索：环境分权管理是否有利于实现绿色经济与可持续发展？环境分权管理影响绿色经济与可持续发展的作用机制是什么？环境分权管理对绿色经济与可持续发展的影响是否存在空间溢出效应？若考虑可能存在的空间溢出效应，环境分权管理会对绿色经济与可持续发展产生何种影响？

基于环境分权管理、技术创新和绿色经济与可持续发展的分析框架，本章将考察环境分权管理对绿色经济与可持续发展的影响效应与作用机制。本

章主要内容与目的如下：首先，选取 2008～2015 年省级面板数据，以绿色全
要素生产率衡量绿色经济与可持续发展水平，构建环境分权管理与绿色全要
素生产率的基准线性模型，考察不考虑空间溢出效应时，环境分权管理对绿
色经济与可持续发展的影响；其次，通过全局 Moran's I 指数，进行环境分权
管理各变量的空间自相关检验，考察环境分权管理是否存在空间溢出效应；
最后，通过空间 Durbin 模型、空间误差模型进行空间溢出效应分析，分别考
察了邻近省份绿色经济与可持续发展水平、环境分权管理水平、不可测因素
对本省绿色经济与可持续发展水平的影响。在此基础上，进一步论述环境分
权管理影响技术进步，进而影响绿色经济与可持续发展的作用机制。

6.1 研究设计

6.1.1 样本选取与数据来源

本书被解释变量为绿色经济与可持续发展，用绿色全要素生产率衡量，
采用 Super-SBM 模型测算 ML 指数进行测度，相关投入产出数据分别来自历
年《中国统计年鉴》《中国能源统计年鉴》以及《中国环境统计年鉴》。解
释变量为环境分权管理，相关数据均来自历年《中国环境统计年鉴》。环境
治理投入、全社会固定资产投资结构、产业结构数据均来自历年《中国统计
年鉴》。工业固定废物综合利用率数据来自历年《中国环境统计年鉴》。此
外，以 2007 年作为基年，对各经济相关数据进行基期化处理，最终得到
2008～2015 年共 30 个省级行政区（西藏和港澳台地区除外）240 个样本观测
值的平衡面板数据。同时，为了排除异常值对回归结果的影响，所有连续变
量数据均经过上下 1% 的 Winsorize 缩尾处理。变量说明与描述性统计如表 6-
1 所示。

表 6-1　变量说明与描述性统计

变量类型	变量名称（符号）	均值	标准差	最小值	最大值	度量方法
被解释变量	绿色经济与可持续发展（GTFP）	0.955	0.086	0.626	1.221	直接使用第5章中以能源消耗量作为投入测算得到的绿色全要素生产率
解释变量	环境分权管理（ED）	1.238	1.028	0.285	4.509	地区环境部门省级、国家级合计人员规模占全国比重与地区人口占全国比重之比，并用 $[1-(CDP_{it}/GDP_t)]$ 进行平减得到
控制变量	环境治理投入（EI）	0.142	0.064	0.036	0.314	环境治理投资与一般预算收入之比
	全社会固定资产投资结构（OS）	0.298	0.101	0.118	0.533	国有全社会固定资产投资占全社会固定资产投资总额的比重
	产业结构（INDUS）	0.475	0.079	0.220	0.583	第二产业增加值占 GDP 比重
	工业固体废物综合利用率（UW）	0.676	0.190	0.215	0.996	工业企业当年固体废物综合利用量与产生量之比

6.1.2　变量定义

为验证上述命题，本书选取以下变量，并就测度方法进行如下说明：

（1）被解释变量：绿色经济与可持续发展（GTFP）。衡量绿色经济与可持续发展水平的变量主要为绿色全要素生产率，本章将直接使用第 5 章中以能源消费量作为投入测算得到的绿色全要素生产率，用 GTFP 表示。

在此基础上，本书通过 MaxDEA 8 软件，将绿色全要素生产率（GTFP）分解为技术效应（EC）和技术进步（TC），即 $GTFP = EC \times TC$，进一步研究环境分权管理对技术效应（EC）与技术进步（TC）的影响。其中，技术效应（EC）为不同时期的实际产出水平与各自最优产出水平的距离之比，衡量企业自身效率的变化，反映企业管理水平与技术应用能力；技术进步（TC）为相同投入在不同时期的最优产出水平之比，衡量不同时期技术水平变化，反映经济结构与产业机构转型升级（Caves 等，1982；Färe 等，1992；成刚，

2014；申晨，2019）。

（2）解释变量：环境分权管理（*ED*）。由于尚未有权威机构公布环境分权管理水平数据，本章借鉴祁毓等（2014）的做法，运用不同层级环境部门人员分布特征反映环境分权管理水平，为进一步缓解可能存在的内生性问题，采用[$1-(GDP_{it}/GDP_t)$]对环境分权管理变量进行平减。即本章选用地区环境部门省级、国家级合计人员规模占全国比重与地区人口占全国比重之比，并经[$1-(GDP_{it}/GDP_t)$]进行平减得到环境分权管理水平，用 *ED* 表示。

（3）控制变量（*CV*）。除环境分权管理变量外，影响绿色经济与可持续发展水平的变量还有很多，本书选取控制变量如下：环境治理投入（*EI*）用环境治理投资与一般预算收入之比衡量，预期环境治理投入水平越强，绿色经济与可持续发展水平越高；全社会固定资产投资结构（*OS*）用国有全社会固定资产投资占全社会固定资产投资总额的比重衡量，预期在全社会固定资产投资中，国有占比越高，绿色经济与可持续发展水平越低；产业结构（*IN-DUS*）用第二产业增加值占 *GDP* 比重衡量，预期产业机构合理化将提高绿色经济与可持续发展水平；工业固体废物综合利用率（*UW*）用工业企业当年固体废物综合利用量与产生量之比衡量，预期工业固体废物综合利用率越高，绿色经济与可持续发展水平越高。

6.1.3 计量模型构建

环境分权管理是影响绿色经济与可持续发展水平的重要因素，为验证命题 6-1，本书构建环境分权管理对绿色经济与可持续发展影响的基准线性模型，鉴于现有分权变量的研究成果（祁毓等，2014；陆远泉和张德钢，2016；张华等，2017），大多认为分权变量与绿色经济与可持续发展水平呈线性关系，建立如下回归模型：

$$GTFP_{it} = \alpha_0 + \alpha_1 ED_{it} + \sum \alpha_j CV_{it} + \sum Year_t + \sum V_i + \varepsilon_{it} \qquad (6\text{-}1)$$

其中，*GTFP* 代表被解释变量，代表绿色经济与可持续发展水平；*ED* 代表解释变量，代表环境分权管理水平；*CV* 代表一系列的控制变量，包括环境治理投入（*EI*）、全社会固定资产投资结构（*OS*）、产业结构（*INDUS*）以及工业固体废物综合利用率（*UW*）；α 代表回归系数，$j=2\sim5$。*Year* 用以控制时间固定效应，V 用以控制个体固定效应，ε 代表随机扰动项。预期 $\alpha_1<0$，即环境分权管理水平越高，绿色经济与可持续发展水平越低。

绿色经济与可持续发展水平不仅会受到本省环境分权管理水平影响，还会受到邻近省份环境分权管理水平影响。为考察环境分权管理对绿色经济与可持续发展影响的空间溢出效应，本章利用各省会城市经纬度数据，通过 Stata 软件测算各省会城市间地理距离，构建相应地理距离空间权重矩阵，考察环境分权管理各变量是否存在空间依赖性，即进行空间自相关检验。基于空间自相关的复杂性，本书通过测算全局 Moran's I 指数（Moran，1950），检验环境分权管理各变量的省际分布特征，具体测算公式如下：

$$I = \frac{\sum\limits_{i=1}^{n} \sum\limits_{j=1}^{n} \omega_{ij}(x_i - \bar{x})(x_j - \bar{x})}{S^2 \sum\limits_{i=1}^{n} \sum\limits_{j=1}^{n} \omega_{ij}} \qquad (6-2)$$

其中，$S^2 = \dfrac{\sum\limits_{i=1}^{n}(x_i - \bar{x})^2}{n}$ 代表样本方差，ω_{ij} 代表地理距离空间权重矩阵 (i, j) 元素（用来度量省份 i 和省份 j 间的地理距离），而 $\sum\limits_{i=1}^{n}\sum\limits_{j=1}^{n}\omega_{ij}$ 代表所有地理距离权重之和。全局 Moran's I 的取值范围为 $[-1, 1]$，正值表示变量存在正自相关，即相似变量取值聚集；负值表示变量存在负自相关，即相反变量取值聚集；全局 Moran's I 指数的取值越接近于 0，则表明空间分布随机性越强，不存在空间自相关。

在此基础上，为验证命题 6-2，本书基于标准化地理距离空间权重矩阵，通过空间 Durbin 模型和空间误差模型，考察考虑空间溢出效应影响下，环境分权管理对绿色经济与可持续发展水平的影响。空间 Durbin 模型构建具体如下：

$$GTFP_{it} = \beta_0 + \beta_1 ED_{it} + \beta_2 WED_{it} + \rho WGTFP_{it} + \sum \beta_j CV_{it} + \sum Year_t + \sum V_i + \varepsilon_{it}$$

$$(6-3)$$

其中，W 代表地理距离空间矩阵，ρ 代表空间滞后系数，衡量邻近省份绿色经济与可持续发展水平对本省绿色经济与可持续发展水平的影响。预期 $\rho>0$，即邻近省份绿色经济与可持续发展会促进本省绿色经济与可持续发展。空间误差模型构建具体如下：

$$GTFP_{it} = \delta_0 + \delta_1 ED_{it} + \sum \delta_j CV_{it} + \sum Year_t + \sum V_i + \varepsilon_{it} \qquad (6\text{-}4)$$

$$\varepsilon_{it} = \lambda W \varepsilon_{it} + \mu_{it} \qquad (6\text{-}5)$$

其中，λ 代表空间误差系数，衡量邻近省份的不可测因素对本省绿色经济与可持续发展水平的影响。预期 $\lambda>0$，即邻近省份的不可测因素会促进本省绿色经济与可持续发展。

6.1.4 描述性统计

由表 6-1 的描述性统计结果可知，各指标标准差普遍较小，所选样本总体比较稳定。对于解释变量环境分权管理（ED），区域之间存在显著差异，最小值为 0.285，最大值为 4.509。受内部治理结构、外部市场环境、政策支持力度等因素影响，绿色经济与可持续发展（$GTFP$）区域差异性特征也十分明显，但在样本期内，绿色经济与可持续发展水平总体随着环境分权管理水平进行反方向变动。此外，本章描述性统计结果与现有文献差别不大，说明本书样本选取和指标选择的科学性和有效性。

6.2 实 证 分 析

6.2.1 基准回归结果分析

为验证命题 6-1，本章构建基准线性模型，考察环境分权管理（ED）对绿色全要素生产率（$GTFP$）的影响，并将绿色全要素生产率分解成技术进步（*TC*）与技术效应（*EC*），进一步考察环境分权管理对区域绿色发展影响的技术进步与技术效应。表 6-2 为基准线性模型回归结果。如表 6-2 所示，环境分权管理（*ED*）对绿色全要素生产率（*GTFP*）影响的回归系数在 1%的水平下显著为负，说明环境分权管理会抑制绿色经济与可持续发展，这主要是因为环境分权管理体系下，环境规制难以设计得当，创新补偿效应不足以消除成本增加所带来的损害，不利于绿色经济与可持续发展。命题 6-1得证。

表 6-2 基准线性模型回归结果

变量	*GTFP*	*TC*	*EC*
ED	−0.059 *** (−3.025)	−0.051 *** (−3.361)	−0.014 (−1.329)
EI	0.299 ** (2.521)	0.194 ** (2.095)	0.060 (0.933)
OS	−0.332 * (−1.952)	−0.204 (−1.536)	−0.103 (−1.122)
INDUS	0.117 (0.587)	0.119 (0.762)	−0.031 (−0.289)
UW	−0.010 (−0.155)	0.001 (0.016)	−0.003 (−0.092)
_cons	1.103 *** (10.715)	1.047 *** (13.019)	1.066 *** (19.124)
年度和个体	控制	控制	控制
Adj. R^2/Pse. R^2	0.239	0.241	−0.088
F	9.667	9.730	1.813
N	240	240	240

注：括号内为相应的 t 值，* 、** 、*** 分别代表在 10%、5%、1%水平下显著。

环境分权管理（*ED*）对技术进步（*TC*）影响的回归系数在 1%的水平下显著为负，说明环境分权管理会抑制技术进步，不利于经济结构和产业结构转型升级，这与本书前文内容保持一致，环境分权管理会抑制企业创新产出。环境分权管理（*ED*）对技术效应（*EC*）影响回归系数为负，但不显著，说明环境分权管理对企业管理效率与技术应用能力的影响不显著，这主要是因为新技术的研发成功到应用需要一个漫长的过程，为企业生产结构调整带来了较大的不确定性。比较表 6-2 中各模型环境分权管理的回归系数发现，环境分权管理（*ED*）对绿色全要素生产率（*GTFP*）的抑制作用，略大于环境分权管理（*ED*）对技术进步（*TC*）的抑制作用，说明环境分权管理主要通过抑制技术进步，进而抑制绿色全要素生产率。

在各模型中，控制变量影响主要表现为：环境治理投入（*EI*）的回归系数显著为正，说明环境治理投入越多，越有利于经济结构与产业机构调整，实现绿色经济与可持续发展；全社会固定资产投资结构（*OS*）的回归系数显著为负，说明全社会固定资产投资中国有占比越高，越不利于经济结构与产业结构调整，会抑制绿色经济与可持续发展。

6.2.2　稳健性检验

考虑到研究结果可能受到极端样本值的影响，为使研究结果更加稳健，本节采用以下两种方法进行稳健性检验。一是替换解释变量，采用相同方法分别测算环境行政部门、环境监察部门以及环境监测部门的分权水平，并采用相应的环境行政分权（*EAD*）、环境监察分权（*EMD*）以及环境监测分权（*ESD*）作为环境分权管理的其他度量方法进行实证研究，并对环境分权管理影响经济增长进行补充说明；二是替换被解释变量，由于电力消费量与能源消费量具有较强相关性（林伯强，2003；郑婷婷等，2019），以电力消费量作为能源投入测度绿色全要素生产率，并作为绿色经济与发展水平的另一种度量方法，用于稳健性检验。电力消费量作为能源投入测算的绿色全要素生产率、技术效应以及技术进步如附表 2 至附表 4 所示。

6.2.2.1　解释变量替代稳健性检验

考察各环境部门分权管理对绿色全要素生产率（*GTFP*）、技术进步

（TC）的影响，回归结果如表 6-3 所示。在表 6-3 中，各模型环境行政分权
（EAD）、环境监察分权（EMD）对绿色全要素生产率（GTFP）影响的回归
系数均在 1% 水平下显著为负，说明环境行政部门分权管理、环境监察部门
分权管理均会抑制绿色经济与可持续发展；环境行政分权（EAD）、环境监察
分权（EMD）对技术进步（TC）影响的回归系数分别在 5%、1% 水平下显著
为负，说明环境行政部门分权管理、环境监察部门分权管理均会抑制技术进
步，不利于经济结构与产业机构转型升级；环境监测分权（ESD）对绿色全
要素生产率（GTFP）、技术进步（TC）影响的回归系数均为正，但均不显
著，说明环境监测部门分权管理对技术进步、绿色经济与可持续发展的影响
不显著。这主要是因为环境监测部门负责搜集环境质量信息，环境事权较弱，
无法对污染性生产行为进行有效约束与监督，环境监测部门分权管理并不会
降低环境规制强度（李国祥和张伟，2019）。

表 6-3　替换解释变量稳健性检验回归结果

变量	GTFP			TC		
	EAD	EMD	ESD	EAD	EMD	ESD
EAD	−0.027*** （−2.698）			−0.018** （−2.346）		
EMD		−0.031*** （−3.197）			−0.035*** （−4.697）	
ESD			0.001 （0.132）			0.002 （0.304）
EI	0.294** （2.472）	0.294** （2.483）	0.292** （2.401）	0.190** （2.021）	0.190** （2.101）	0.187* （1.960）
OS	−0.382** （−2.262）	−0.417** （−2.495）	−0.421** （−2.453）	−0.254* （−1.910）	−0.277** （−2.172）	−0.282** （−2.096）
INDUS	0.091 （0.452）	0.081 （0.408）	0.091 （0.444）	0.095 （0.604）	0.085 （0.562）	0.097 （0.605）

续表

变量	GTFP			TC		
	EAD	EMD	ESD	EAD	EMD	ESD
UW	0.007 （0.097）	0.022 （0.327）	0.016 （0.222）	0.018 （0.332）	0.030 （0.586）	0.021 （0.387）
_cons	1.083*** （10.549）	1.102*** （10.754）	1.050*** （10.109）	1.023*** （12.645）	1.059*** （13.530）	1.000*** （12.266）
年度和个体	控制	控制	控制	控制	控制	控制
Adj. R^2/Pse. R^2	0.232	0.243	0.204	0.219	0.278	0.198
F	9.430	9.802	8.513	9.005	11.080	8.326
N	240	240	240	240	240	240

注：括号内为相应的 t 值，*、**、***分别代表在10%、5%、1%水平下显著。

比较表6-3中各环境部门分权管理的回归系数发现，环境行政分权（*EAD*）小于环境监察分权（*EMD*），这主要是因为相较于环境行政部门，环境监察部门负责日常环境事务，其分权管理更易削弱环境规制强度，纵容企业的污染性生产行为。也就是说，与日常环境事务相关性越高的部门，其分权管理对技术进步、绿色经济与可持续发展的抑制作用越明显。此外，在解释变量替换以后，虽然各控制变量的回归系数有所变动，但幅度均不大，且作用方向与基准线性回归结果基本保持一致，说明本书研究结论具有较强的稳健性。

6.2.2.2 被解释变量替代稳健性检验

替换被解释变量后，考察环境分权管理（*ED*）对绿色全要素生产率（*GTFP*）、技术进步（*TC*）的影响，回归结果如表6-4所示。在表6-4中，替换被解释变量后，虽然环境分权管理（*ED*）、环境行政分权（*EAD*）和环境监察分权（*EMD*）回归系数的绝对值均有所下降，但变动均不大，且作用方向与基准线性回归结果保持一致，说明本书研究结论具有较强的稳健性。

表6-4 替换被解释变量稳健性检验回归结果

变量	GTFP			TC		
	ED	EAD	EMD	ED	EAD	EMD
ED	−0.056*** (−2.626)			−0.048*** (−2.814)		
EAD		−0.023** (−2.084)			−0.018** (−2.050)	
EMD			−0.027** (−2.569)			−0.036*** (−4.291)
EI	0.314** (2.426)	0.309** (2.377)	0.309** (2.385)	0.215** (2.055)	0.211** (1.999)	0.211** (2.069)
OS	−0.367** (−1.981)	−0.418** (−2.269)	−0.448** (−2.451)	−0.138 (−0.921)	−0.185 (−1.235)	−0.207 (−1.436)
INDUS	0.182 (0.837)	0.157 (0.716)	0.148 (0.682)	0.044 (0.251)	0.022 (0.125)	0.012 (0.069)
UW	0.010 (0.140)	0.027 (0.375)	0.040 (0.556)	0.028 (0.469)	0.043 (0.731)	0.056 (0.970)
_cons	1.057*** (9.421)	1.035*** (9.232)	1.053*** (9.393)	1.022*** (11.237)	1.000*** (10.985)	1.038*** (11.727)
年度和个体	控制	控制	控制	控制	控制	控制
Adj. R^2/Pse. R^2	0.202	0.192	0.201	0.167	0.152	0.207
F	8.457	8.146	8.421	7.406	6.974	8.623
N	240	240	240	240	240	240

注：括号内为相应的 t 值，*、**、*** 分别代表在 10%、5%、1% 水平下显著。

6.2.3 内生性检验

针对研究结论可能存在的内生性问题，本书采用相同方法测算公共安全支出分权水平，将公共安全支出分权（PS）作为环境分权管理的工具变量，数据来源于历年《中国统计年鉴》。原因在于：环境联邦主义可看作是财政联邦主义的分支（赵霄伟，2014），环境分权管理与财政分权高度正相关；根据《政府收支分类科目》，公共安全支出是指政府维护社会公共安全方面的支出，包括国家安全、检察、法院、司法行政、监狱、劳教、国家保密等人员工资待遇及机关行政事务经费，与环境和经济均不存在相关性，不会对绿色经济与可持续发展产生影响。内生性检验回归结果如表 6-5、表 6-6 所示。在表 6-5 中，各模型公共安全支出分权（PS）的回归系数分别在 10%、1%、5% 水平下显著为正，说明公共安全财政支出分权与环境分权管理显著正相关；在表 6-6 中，各模型环境分权管理各变量的回归系数依旧显著为负，与前文保持一致，进一步论证了公共安全支出分权是环境分权管理的一个有效工具变量，还说明研究结论在考虑了可能存在的内生性后依然成立。

表 6-5　工具变量内生性检验第一阶段

变量	ED	EAD	EMD
PS	0.595* (1.877)	2.273*** (3.743)	1.337** (2.097)
EI	0.010 (0.023)	−0.307 (−0.372)	−0.185 (−0.214)
OS	1.319** (2.158)	0.762 (0.651)	−0.289 (−0.235)
IINDUS	0.698 (0.956)	0.901 (0.645)	0.238 (0.162)
UW	−0.461* (−1.919)	−0.358 (−0.780)	0.163 (0.338)
年度和个体	控制	控制	控制
Adj. R^2/Pse. R^2	−0.085	−0.104	−0.049
F	1.851	1.534	2.495
N	240	240	240

注：括号内为相应的 t 值，*、**、*** 分别代表在 10%、5%、1% 水平下显著。

表6-6　工具变量内生性检验第二阶段

变量	GTFP			TC		
	ED	EAD	EMD	ED	EAD	EMD
ED	-0.366* (-1.702)			-0.287* (-1.726)		
EAD		-0.096** (-2.280)			-0.075** (-2.253)	
EMD			-0.163* (-1.836)			-0.128* (-1.959)
EI	0.332* (1.908)	0.299** (2.323)	0.298* (1.866)	0.220 (1.627)	0.194* (1.890)	0.193 (1.638)
OS	0.124 (0.308)	-0.286 (-1.494)	-0.405* (-1.794)	0.147 (0.472)	-0.175 (-1.149)	-0.269 (-1.615)
IINDUS	0.263 (0.855)	0.094 (0.434)	0.046 (0.172)	0.231 (0.968)	0.098 (0.569)	0.061 (0.305)
UW	-0.156 (-1.110)	-0.022 (-0.297)	0.039 (0.429)	-0.112 (-1.023)	-0.006 (-0.103)	0.042 (0.627)
年度和个体	控制	控制	控制	控制	控制	控制
Adj. R^2/Pse. R^2	-0.718	0.043	-0.476	-0.688	0.009	-0.311
F	4.190	7.523	4.876	4.204	7.164	5.413
N	240	240	240	240	240	240

注：括号内为相应的 t 值，*、**、***分别代表在10%、5%、1%水平下显著。

6.3　进一步讨论

6.3.1　空间自相关检验

为保证结论的科学性和有效性，本书利用各省会城市经纬度数据，通过 Stata 软件测算各省会城市间地理距离，以衡量省际地理距离，构建相应地理距离空间权重矩阵，测算省级环境分权管理各变量的全局 Moran's I 指数，考察环境分权管理的空间自相关性，测算结果如表 6-7 所示。表 6-7 汇报了 2008~2015 年环境分权管理各变量的全局 Moran's I 指数以及 P 值，测算结果表明，环境分权管理（ED）、环境行政分权（EAD）、环境监察分权（EMD）均存在显著的空间自相关性，说明环境分权管理存在空间溢出效应，邻近省份的环境分权管理水平会影响本省的绿色经济与可持续发展水平。也就是说，本省的绿色经济与可持续发展水平不仅会受到本省的环境分权管理水平影响，还会受到邻近省份的环境分权管理水平影响。为此，本书在传统面板固定效应模型的基础上，借鉴马述忠和刘梦恒（2016）的做法，根据地理距离权重矩阵，通过空间 Durbin 模型和空间误差模型，考察空间溢出效应影响下，环境分权管理对绿色经济与可持续发展水平的影响。

表 6-7　2008~2015 年环境分权管理各变量全局 Moran's I 指数及 P 值

年份	ED		EAD		EMD	
	Moran's I 指数	P 值	Moran's I 指数	P 值	Moran's I 指数	P 值
2008	0.059	0.005	0.042	0.018	0.029	0.041
2009	0.068	0.002	0.051	0.009	0.055	0.006
2010	0.047	0.013	0.010	0.113	0.018	0.076
2011	0.050	0.010	0.019	0.072	0.024	0.054
2012	0.049	0.011	0.019	0.069	0.019	0.052
2013	0.053	0.009	0.022	0.062	0.023	0.041
2014	0.053	0.008	0.023	0.059	0.021	0.046
2015	0.066	0.003	0.057	0.006	0.040	0.015

6.3.2　环境分权管理的空间溢出效应分析

为验证命题 6-2，考察空间溢出效应对绿色经济与可持续发展的影响，本书通过 Hausman 检验，确定应建立空间 Durbin 面板固定效应模型进行回归，环境分权管理各变量的空间 Durbin 面板固定效应模型回归结果如表 6-8

所示。在表6-8中，各模型的空间自回归系数（ρ）均在1%水平下显著为正，说明邻近省份的绿色经济与可持续发展会促进本省绿色经济与可持续发展。在绿色全要素生产率（GTFP）各模型中，环境分权管理（ED）、环境行政分权（EAD）以及环境监察分权（EMD）的回归系数均在1%水平下显著为负，说明本省环境分权管理会抑制本省绿色经济与可持续发展；环境分权管理空间滞后项（WED）、环境行政分权空间滞后项（WEAD）以及环境监察分权空间滞后项（WEMD）的回归系数分别在5%、5%、1%水平下显著为正，说明邻近省份环境分权管理会促进本省绿色经济与可持续发展。在技术进步（TC）各模型中，环境分权管理（ED）、环境行政分权（EAD）以及环境监察分权（EMD）的回归系数分别在1%、5%、1%水平下显著为负，说明本省环境分权管理会抑制本省技术进步；环境分权管理空间滞后项（WED）、环境监察分权空间滞后项（WEMD）的回归系数分别在10%、1%水平下显著为正，说明邻近省份环境分权管理会促进本省技术进步。

表6-8　环境分权管理各变量的空间 Durbin 面板模型回归结果

变量	GTFP			TC		
	ED	EAD	EMD	ED	EAD	EMD
ED	−0.058*** (−3.122)			−0.050*** (−3.479)		
EAD		−0.030*** (−3.106)			−0.019** (−2.571)	
EMD			−0.032*** (−3.514)			−0.035*** (−5.077)
EI	0.298*** (2.672)	0.284** (2.534)	0.293*** (2.654)	0.192** (2.230)	0.185** (2.109)	0.188** (2.251)
OS	−0.233* (−1.806)	−0.227* (−1.881)	−0.280** (−2.359)	−0.131 (−1.312)	−0.137 (−1.450)	−0.182** (−2.021)
INDUS	−0.196 (−1.220)	−0.216 (−1.296)	−0.174 (−1.160)	−0.107 (−0.858)	−0.098 (−0.751)	−0.109 (−0.951)

续表

变量	GTFP			TC		
	ED	EAD	EMD	ED	EAD	EMD
UW	0.063 (1.055)	0.073 (1.230)	0.092 (1.566)	0.058 (1.244)	0.068 (1.451)	0.080 * (1.808)
WED	6.271 ** (2.431)			3.442 * (1.736)		
WEAD		3.748 ** (2.125)			1.373 (0.998)	
WEMD			3.383 *** (4.034)			2.253 *** (3.738)
ρ	19.298 *** (8.640)	19.355 *** (8.695)	16.654 *** (6.310)	20.149 *** (9.358)	19.957 *** (9.121)	19.043 *** (8.250)
sigma2_e	0.004 *** (10.862)	0.004 *** (10.861)	0.004 *** (10.889)	0.002 *** (10.846)	0.002 *** (10.848)	0.002 *** (10.862)
Log L	320.637	319.599	324.187	381.827	378.150	389.486
年度和个体	控制	控制	控制	控制	控制	控制
Hausman 检验	0.0253	0.0000	0.0025	0.0236	0.0183	0.0034
N	240	240	240	240	240	240
R^2	0.012	0.019	0.056	0.046	0.061	0.114

注：括号内为相应的 t 值，* 、* * 、* * * 分别代表在 10%、5%、1%水平下显著。

在环境分权管理各模型中，控制变量影响主要表现为：环境治理投入（EI）回归系数显著为正，说明环境治理投入越多，越有利于技术进步，实现绿色经济与可持续发展；全社会固定资产投资结构（OS）回归系数显著为负，说明全社会固定资产投资中国有占比越高，越不利于技术进步，就会抑制绿色经济与可持续发展。

为验证命题 6-2，考察空间溢出效应对绿色经济与可持续发展的影响，本书通过 Hausman 检验，确定应建立空间误差面板固定效应模型进行回归，环境分权管理各变量的空间误差面板模型的回归结果如表 6-9 所示。在表 6-9 中，各模型空间误差系数（λ）均在1%水平下显著为正，说明邻近省份的不可测因素对本省绿色经济与可持续发展影响同样显著。此外，环境分权管理各变量的回归系数依然显著为负，说明在考虑不可测因素空间溢出效应下，环境分权管理依然不利于技术进步，会抑制绿色经济与可持续发展。

表6-9　环境分权管理各变量的空间误差面板模型回归结果

变量	GTFP			TC		
	ED	EAD	EMD	ED	EAD	EMD
ED	-0.062*** (-3.324)			-0.052*** (-3.630)		
EAD		-0.031*** (-3.207)			-0.019*** (-2.623)	
EMD			-0.032*** (-3.430)			-0.035*** (-4.996)
EI	0.292*** (2.676)	0.286*** (2.612)	0.284*** (2.609)	0.190** (2.254)	0.184** (2.151)	0.183** (2.233)
OS	-0.261* (-1.759)	-0.330** (-2.248)	-0.350** (-2.393)	-0.159 (-1.385)	-0.220* (-1.921)	-0.232** (-2.105)
INDUS	-0.045 (-0.251)	-0.059 (-0.330)	-0.065 (-0.367)	0.007 (0.048)	-0.003 (-0.022)	-0.014 (-0.107)
UW	0.027 (0.432)	0.045 (0.722)	0.056 (0.904)	0.032 (0.655)	0.049 (1.011)	0.056 (1.198)
λ	20.452*** (9.914)	20.414*** (9.829)	21.087*** (10.849)	20.891*** (10.254)	20.667*** (9.875)	21.732*** (11.716)
sigma2_e	0.004*** (10.845)	0.004*** (10.845)	0.004*** (10.837)	0.002*** (10.833)	0.002*** (10.835)	0.002*** (10.824)
Log L	319.376	319.012	319.692	381.148	378.134	386.541
年度和个体	控制	控制	控制	控制	控制	控制
Hausman 检验	0.0002	0.0020	0.0027	0.0043	0.0255	0.0075
N	240	240	240	240	240	240
R^2	0.045	0.044	0.041	0.094	0.083	0.115

注：括号内为相应的 t 值，*、**、***分别代表在10%、5%、1%水平下显著。

在环境分权管理各模型中，控制变量影响主要表现为：环境治理投入（EI）回归系数显著为正，说明环境治理投入越多，越有利于技术进步，实现绿色经济与可持续发展；全社会固定资产投资结构（OS）回归系数显著为负，说明全社会固定资产投资中国有占比越高，越不利于技术进步，会抑制绿色经济与可持续发展。

综上所述，环境分权管理对绿色经济与可持续发展的影响存在正向空间溢出效应，命题 7-2 得到证实。考虑空间溢出效应后，虽然各变量回归系数有所变动，但总体与基准回归结果保持一致，说明本书研究结论具有较强的稳健性，即环境分权管理会抑制绿色经济与可持续发展。

6.4 本章小结

本章基于环境分权管理、技术创新和绿色经济与可持续发展的分析框架，以中国 30 个省级行政区（西藏与港澳台地区除外）作为研究对象，首先，考察了环境分权管理对绿色经济与可持续发展影响，并通过各环境部门分权管理进行补充说明。其次，利用各省会城市经纬度数据，构建相应地理距离空间权重矩阵，测算环境分权管理各变量的全局 Moran's I 指数，考察环境分权管理的空间自相关性。最后，考察空间溢出效应下，环境分权管理各变量对绿色经济与可持续发展影响。在此基础上，进一步论述环境分权管理影响技术进步，进而影响绿色经济与可持续发展的作用机制。本章使用绿色全要素生产率衡量绿色经济与可持续发展水平，使用不同层级环境部门人员的分布特征衡量环境分权管理水平，使用空间 Durbin 面板固定效应模型和空间误差面板固定效应模型，考察空间溢出效应对绿色经济与可持续发展的影响。

研究结果表明：在不考虑空间溢出效应下，环境分权管理、环境行政部门分权管理、环境监察部门分权管理均不利于技术进步，抑制绿色经济与可持续发展；在考虑空间溢出效应下，这种抑制效应依然存在，并且邻近省份环境分权管理、环境行政部门分权管理、环境监察部门分权管理以及不可测因素均有利于本省技术进步，促进本省绿色经济与可持续发展。

7 环境分权管理与经济增长

    自 1994 年中国实行分税制改革以来，随着环境人事权的逐步下放，地方政府环境执法机构得到完善，执法队伍建设明显加强，环境管理体系呈现"分权"特征，各地区经济发展水平不同，环境标准也各异。这一时期，地方政府为了在经济领域乃至晋升机制中脱颖而出，往往采取主动降低环境标准的方式，来吸引资本、技术等流动要素流入，形成地方政府间环境管理的"逐底竞争"。目前，中国环境承载能力已经达到了临界点，形势之严峻、修复之艰难已经充分显现。在 2013 年中央经济工作会议上，习近平总书记对我国经济发展特征做出了"三期叠加"的重要论断，即呈现出"增长速度换挡期、结构调整阵痛期、前期刺激政策消化期"的特征，进一步说明了环境管理的复杂性，环境保护与经济增长之间的权衡关系已经成为当前中央政府亟待解决的主要难题。当前，我国处于并将长期处于中国特色社会主义初级阶段的基本国情不变，经济发展仍是摆在我国发展道路上的主要问题。为改善地方政府环境管理效率，也为充分了解地区经济发展需求与提升经济发展水平，中央政府于 2016 年成立中央环保督察组，代表党中央、国务院对各省（自治区、直辖市）党委和政府及其有关部门开展的环境保护督察，有效加强了中央政府与地方政府间的联系。在此背景下，环境分权管理对经济增长会产生何种影响？影响机制是什么？环境分权管理对经济增长的影响是否存在空间溢出效应？若考虑可能存在的空间溢出效应，环境分权管理会对经济增长产生何种影响?

本章以"唯 GDP 论"的晋升机制为切入点,基于环境分权管理体系下地方政府为增长而竞争的事实,考察环境分权管理对经济增长的影响效应。通过对比环境分权管理对绿色经济与可持续发展、经济增长的影响差异,说明经济增长与环境保护依然是我国绿色经济与可持续发展过程中面临的难题,改革环境分权管理体系是解决该难题的关键。本章内容安排与目的如下:首先,选取 2008~2015 年省级面板数据,构建环境分权管理与经济增长的基准线性模型,考察不考虑空间溢出效应时,环境分权管理对经济增长的影响;其次,引入环境规制变量,考察环境分权管理影响环境规制并进而影响经济增长的作用机制;再次,通过全局 Moran's I 指数,检验环境分权管理、经济增长的空间自相关性;最后,通过空间 Durbin 模型、空间误差模型进行空间溢出效应分析,分别考察邻近地区经济增长水平、环境分权管理水平、不可测因素对本地区经济增长水平的影响。

7.1 研究设计

7.1.1 样本选取与数据来源

本书被解释变量为经济增长,相关数据来自历年《中国统计年鉴》。解释变量为环境分权管理,相关数据来自历年《中国环境统计年鉴》。由于《中国环境统计年鉴》公布的各层级环境部门人员数量的统计数据截止到 2015 年,加之 2016 年成立中央环保督导组,专项管理环境保护督察,考虑数据的可得性,以及为避免统计口径不一致造成的影响,本书选用 2008~2015 年中国 30 个省级行政区(西藏和港澳台地区除外)的统计数据进行实证检验。能源消耗数据来自历年《中国能源统计年鉴》,其余控制变量数据均来自历年《中国统计年鉴》。此外，经济增长数据以 2007 年为基期，采用人均 GDP 指数进行平减获得；所有数据均经过上下 1% 的 Winsorize 缩尾处理。变量说明与描述性统计如表 7-1 所示。

表 7-1　变量说明与描述性统计

变量类型	变量名称（符号）	均值	标准差	最小值	最大值	度量方法
被解释变量	经济增长（ln$PGDP$）	9.989	0.442	9.146	10.978	先将人均 GDP 的名义值进行指数化平减，得到将各地区人均 GDP 的实际值，再进行对数化处理得到
解释变量	环境分权管理（ED）	1.238	1.028	0.285	4.509	地区环保部门省级、国家级合计人员规模占全国比重与地区人口占全国比重之比，并用 $[1-(CDP_{it}/GDP_t)]$ 进行平减得到
控制变量	人力资本（lnHC）	2.233	0.112	1.957	2.576	就业人员平均文化程度的对数
	能源消耗（ln$energy$）	9.316	0.681	7.214	10.522	以万吨标准煤为单位能源消费量的对数
	环境治理投入（EI）	0.142	0.064	0.036	0.314	环境治理投资与一般预算收入之比
	人口死亡率（MR）	5.967	0.731	4.310	7.190	当年死亡人口与当年平均总人口之比（单位:‰）

7.1.2　变量定义

为验证上述命题，本章选取以下变量，并就测度方法进行如下说明：

（1）被解释变量：经济增长（ln$PGDP$）。常见的经济增长变量主要涉及 GDP 增长率与实际 GDP。孙昊和胥莉（2019）、刘莎和刘明（2019）以及马卫等（2019）选取地区人均实际 GDP 衡量经济增长。温亚昌和赵果庆（2018）、单飞和郑义汀（2019）选取 GDP 增长率衡量经济增长。本章选用经过 GDP 平减指数处理后的各省人均实际 GDP 对数衡量经济增长，其优点在于不仅消除了通货膨胀的影响，还消除了人口因素的影响，更接近反映经济增长的实际情况，用 $\ln PGDP$ 表示。

（2）解释变量：环境分权管理（ED）。由于尚未有权威机构公布环境分权管理水平的相关数据，本章借鉴祁毓等（2014）的做法，运用不同层级环境部门人员的分布特征反映环境分权管理水平，为进一步缓解可能存在的内生性问题，采用 $[1-(GDP_{it}/GDP_t)]$ 对环境分权管理变量进行平减。即本章选用地区环境部门省级、国家级合计人员规模占全国比重与地区人口占全国比重之比，并经 $[1-(GDP_{it}/GDP_t)]$ 进行平减得到环境分权管理水平，用 ED 表示。

（3）控制变量（CV）。除环境分权管理变量外，影响经济增长的变量还有很多，借鉴现有文献的做法（Romer，1989；Lucas，1989），本书选取控制变量如下：人力资本（$\ln HC$），用各省就业人员平均文化程度①的对数衡量，预期人力资本水平越高的地区，越有利于经济增长；能源消耗（$\ln energy$），用以万吨标准煤为单位的能源消费量取对数衡量，预期能源消耗越多的地区，经济增长越快；环境治理投入（EI），用环境治理投资与一般预算收入之比衡量，预期环境治理投入水平越高的地区，经济增长越快；人口死亡率（MR），用当年死亡人数与当年平均总人数之比衡量，预期人口死亡率越高的地区，经济增长越快。

7.1.3　计量模型构建

环境分权管理是影响经济增长的重要因素，为验证命题7-1，本书构建环境分权管理对经济增长影响的基准线性模型，鉴于现有关于分权变量的研究成果中，大多认为分权制度与地区经济增长呈线性关系（薛婧等，2018；张彩云和陈岑，2018；伍格致和游达明，2019），建立如下回归模型：

$$\ln PGDP_{it} = \alpha_0 + \alpha_1 ED_{it} + \sum \alpha_j CV_{it} + \sum Year_t + \sum V_i + \varepsilon_{it} \qquad (7-1)$$

其中，$\ln PGDP$ 为被解释变量，代表经济增长水平；ED 为解释变量，代

---

① 不同文化程度赋予不同受教育年限，未上过学为0年，小学文化程度为6年，初中文化程度为9年，高中文化程度为12年，大学专科文化程度为14年，大学本科文化程度16年，研究生文化程度为19年。

表环境分权管理水平；CV 为一系列的控制变量，包括人力资本（$\ln HC$）、能源消耗（$\ln energy$）、环境治理投入（EI）以及人口死亡率（MR）；α 为回归系数，$j=2\sim5$。$Year$ 用以控制时间固定效应，V 用以控制个体固定效应，ε 为随机扰动项。预期 $\alpha_1>0$，即环境分权管理水平越高的地区，其经济增长越快。

经济增长不仅会受到本省环境分权管理水平的影响，还会受到邻近省份环境分权管理水平的影响。为考察环境分权管理对经济增长影响的空间溢出效应，本章利用各省会城市经纬度数据，通过 Stata 软件测算各省会城市间地理距离，构建相应地理距离空间权重矩阵，分别从经济角度、环境角度进行空间自相关检验。基于空间自相关的复杂性，本书通过测算全局 Moran's I 指数（Moran，1950），考察环境分权管理与经济增长的省际分布特征，具体测算公式如下：

$$I = \frac{\sum_{i=1}^{n}\sum_{j=1}^{n}\omega_{ij}(x_i-\bar{x})(x_j-\bar{x})}{S^2\sum_{i=1}^{n}\sum_{j=1}^{n}\omega_{ij}} \tag{7-2}$$

其中，$S^2=\dfrac{\sum_{i=1}^{n}(x_i-\bar{x})^2}{n}$ 为样本方差，ω_{ij} 代表地理距离空间权重矩阵（i，j）元素（用来度量省份 i 和省份 j 间的地理距离），而 $\sum_{i=1}^{n}\sum_{j=1}^{n}\omega_{ij}$ 代表所有地理距离权重之和。全局 Moran's I 的取值范围为 $[-1, 1]$，正值表示变量存在正自相关，即相似变量取值聚集；负值表示变量存在负自相关，即相反变量取值聚集；全局 Moran's I 指数的取值越接近于 0，则表明空间分布随机性越强，不存在空间自相关。

在此基础上，为验证命题 7-2，本书基于标准化地理距离空间权重矩阵，通过空间 Durbin 模型和空间误差模型，考察空间溢出效应影响下，环境分权管理对经济增长的影响。空间 Durbin 模型构建具体如下：

$$\ln PGDP_{it} = \beta_0 + \beta_1 ED_{it} + \beta_2 WED_{it} + \rho W\ln PGDP_{it} + \sum \beta_j CV_{it} + \sum Year_t +$$

$$\sum V_i + \varepsilon_{it} \tag{7-3}$$

其中，W 代表地理距离空间权重矩阵，ρ 代表空间滞后系数，衡量邻近省份的经济增长对本省经济增长的影响。预期 $\rho > 0$，即邻近省份的经济增长会促进本省经济增长。空间误差模型构建具体如下：

$$\ln PGDP_{it} = \delta_0 + \delta_1 ED_{it} + \sum \delta_j CV_{it} + \sum Year_t + \sum V_i + \varepsilon_{it} \tag{7-4}$$

$$\varepsilon_{it} = \lambda W \varepsilon_{it} + \mu_{it} \tag{7-5}$$

其中，λ 代表空间误差系数，衡量邻近省份的不可测因素对本省经济增长的影响。预期 $\lambda > 0$，即邻近省份的不可测因素会促进本省经济增长。

7.1.4　描述性统计

由表 7-1 的变量说明描述性统计结果可知，各指标标准差普遍较小，所选样本总体比较稳定。对于解释变量环境分权管理（ED），区域之间存在显著差异，最小值为 0.285，最大值为 4.509。受内部治理结构、外部市场环境、政策支持力度等因素影响，经济增长（$\ln PGDP$）差异性特征也十分明显，但在样本期内，经济增长水平总体随着环境分权管理水平进行同方向变动。此外，本章描述性统计结果与现有文献差别不大，说明了本章样本选取和指标选择的科学性和有效性。

7.2　实证分析

7.2.1　基准回归结果分析

为验证命题 7-1，本章构建基准线性模型，考察环境分权管理对经济增长的影响，表 7-2 为基准线性模型回归结果。其中，模型（1）为不加入控制变量、不控制年度和个体效应，模型（2）为不加入控制变量、控制年度和个体效应，模型（3）为加入控制变量、不控制年度和个体效应，模型

（4）为加入控制变量、控制年度和个体效应。

如表 7-2 所示，各模型中环境分权管理的回归系数均在 1%水平下显著为正，说明环境分权管理会促进经济增长。这主要是因为在环境分权管理体系下，地方政府可以根据自身经济社会发展需要，自主管理辖区内的环境事务，可能会通过降低环境标准，以获得地区间经济竞争中的比较优势，命题 7-1 得到证实。

表 7-2　基准线性模型回归结果

变量	lnPGDP			
	模型（1）	模型（2）	模型（3）	模型（4）
ED	0.047*** (2.661)	0.071*** (6.219)	0.064*** (5.742)	0.063*** (5.902)
lnHC			0.575*** (8.585)	0.358*** (3.478)
lnenergy			0.125*** (4.239)	0.137*** (3.373)
EI			0.084 (1.254)	0.047 (0.707)
MR			0.018* (1.965)	0.022** (2.361)
_cons	9.930*** (446.210)	9.833*** (608.557)	7.346*** (37.036)	7.687*** (18.843)
年度和个体	控制	控制	控制	控制
Adj. R²/Pse. R²	-0.106	0.562	0.574	0.615
F	7.079	42.915	71.153	35.223
N	240	240	240	240

注：括号内为相应的 t 值，*、**、***分别代表在 10%、5%、1%水平下显著。

在模型（3）和模型（4）中，控制变量影响主要表现为：人力资本（lnHC）的回归系数均在 1%水平下显著为正，说明人力资本水平越高的地区，其经济增长越快；能源消耗（lnenergy）的回归系数均在 1%水平下显著为正，说明能源消耗越大的地区，其经济增长越快；人口死亡率（*MR*）的回归系数分别在 10%、5% 水平下显著为正，说明人口死亡率与经济增长存在正相关关系。

7.2.2 稳健性检验

考虑到研究结果可能受到极端样本值的影响，为使研究结果更加稳健，本节采用相同方法分别测算环境行政部门、环境监察部门以及环境监测部门的分权水平，以及采用相应的环境行政分权（*EAD*）、环境监察分权（*EMD*）、环境监测分权（*ESD*）作为环境分权管理的其他度量方法进行实证研究，并对环境分权管理影响经济增长进行补充说明。

考察各环境部门分权管理对经济增长的影响，回归结果如表 7-3 所示。在表 7-3 中，环境行政分权（*EAD*）、环境监察分权（*EMD*）的回归系数分别在 5%、1% 水平下显著为正，说明在环境分权管理体系下，环境行政部门分权管理、环境监察部门分权管理也会促进经济增长。环境监测分权（*ESD*）的回归系数为正，但不显著，说明环境监测部门分权管理对经济增长影响不显著。这主要是因为环境监测部门只负责搜集环境质量信息，环境人事权较弱，更多的时候是通过环境行政部门、环境监察部门对污染性生产行为施加间接影响，环境监测部门分权管理并不会降低环境规制强度，促进地区经济增长（白俊红和聂亮，2017）。

表 7-3　各环境部门分权管理回归结果

变量	lnPGDP		
	EAD	*EMD*	*ESD*
EAD	0.013** (2.168)		
EMD		0.030*** (5.495)	

续表

变量	lnPGDP		
	EAD	*EMD*	*ESD*
ESD			0. 001 (0. 250)
ln*HC*	0. 393 *** (3. 560)	0. 429 *** (4. 161)	0. 426 *** (3. 841)
ln*energy*	0. 134 *** (3. 079)	0. 134 *** (3. 257)	0. 141 *** (3. 190)
EI	0. 060 (0. 847)	0. 061 (0. 908)	0. 059 (0. 813)
MR	0. 026 *** (2. 630)	0. 028 *** (2. 964)	0. 027 *** (2. 638)
_*cons*	7. 670 *** (17. 439)	7. 557 *** (18. 367)	7. 556 *** (17. 106)
年度和个体	控制	控制	控制
Adj. R^2/Pse. R^2	0. 558	0. 607	0. 547
F	28. 530	34. 193	27. 499
N	240	240	240

注：括号内为相应的 t 值，*、**、***分别代表在 10%、5%、1% 水平下显著。

比较表 7-3 中各环境部门分权管理的回归系数，发现环境行政分权（*EAD*）小于环境监察分权（*EMD*），这主要是因为相较于环境行政部门，环境监察部门负责日常环境事务，其分权管理更易削弱环境规制强度，纵容企业进行污染性生产行为。也就是说，与日常环境事务相关性越高的部门，其分权管理对地区经济增长促进作用越明显。此外，在替换解释变量后，虽然各控制变量的回归系数有所变动，但幅度均不大，且作用方向与基准线性回归结果保持一致，这说明本书研究结论具有较强的稳健性。

7.2.3　内生性检验

针对研究结论可能存在的内生性问题，本书采用相同方法测算环境保护支出分权水平，将环境保护支出分权（*EP*）作为环境分权管理的工具变量，数据来源于历年《中国统计年鉴》。原因在于：我国分税制改革并不彻底，呈现财权重心上移而人事权重心下移的特点，基于人事权衡量的环境分权管理与基于财权衡量的环境保护支出分权高度负相关；根据《政府收支分类科目》，环境保护支出主要包括环境保护管理事务支出、环境监测与监察支出、污染治理支出、自然生态保护支出、天然林保护工程支出、退耕还林支出、风沙荒漠治理支出、退牧还草支出、已垦草原退耕还草、能源节约利用、污染减排、可再生能源和资源综合利用等支出，与经济不存在相关性，且不会对经济增长产生影响。内生性检验回归结果如表7-4、表7-5所示。在表7-4中，各模型环境保护支出分权（*EP*）的回归系数分别在1%、5%、1%水平下显著为负，说明环境保护支出分权与环境分权管理显著负相关；在表7-5各模型中，环境分权管理各变量的回归系数依旧显著为正，与前文保持一致，进一步论证了环境保护支出分权是环境分权管理的一个有效工具变量，说明研究结论在考虑可能存在的内生性后依然成立。

表7-4 工具变量内生性检验第一阶段

变量	*ED*	*EAD*	*EMD*
EP	−0.287*** (−3.022)	−0.378** (−2.053)	−0.829*** (−4.523)
ln*HC*	0.660 (0.979)	1.889 (1.446)	−1.311 (−1.009)
ln*energy*	−0.109 (−0.403)	0.308 (0.591)	−0.258 (−0.497)
EI	0.188 (0.436)	−0.051 (−0.062)	−0.082 (−0.099)
MR	0.073 (1.213)	0.030 (0.259)	−0.039 (−0.334)
_*cons*	0.693 (0.248)	−5.269 (−0.973)	7.953 (1.477)

续表

变量	ED	EAD	EMD
年度和个体	控制	控制	控制
Adj. R²/Pse. R²	−0.090	−0.138	0.030
F	1.766	1.005	4.033
N	240	240	240

注：括号内为相应的 t 值，＊、＊＊、＊＊＊分别代表在 10%、5%、1%水平下显著。

表 7-5　工具变量内生性检验第二阶段

变量	lnPGP		
	ED	EAD	EMD
ED	0.245*** (3.156)		
EAD		0.186** (2.021)	
EMD			0.085*** (3.981)
lnHC	0.165 (0.942)	−0.025 (−0.075)	0.438*** (3.563)
ln$energy$	0.124** (2.008)	0.040 (0.371)	0.119** (2.431)
EI	0.010 (0.097)	0.065 (0.415)	0.063 (0.785)
MR	0.009 (0.591)	0.021 (0.956)	0.030*** (2.685)
年度和个体	控制	控制	控制
Adj. R²/Pse. R²	0.055	−1.303	0.406
F	14.009	5.747	22.291
N	240	240	240

注：括号内为相应的 t 值，＊、＊＊、＊＊＊分别代表在 10%、5%、1%水平下显著。

7.3　进一步讨论

7.3.1　影响机制分析

为研究环境分权管理对经济增长的内在影响机制，本书引入环境规制（RES）变量，考察环境分权管理影响环境规制并进而影响经济增长的作用机制。由于本书选取二氧化硫（SO_2）、化学需氧量（COD）、氨氮（NH）等污染物作为非期望产出，运用加权线性和法（沈坤荣等，2017），并通过二氧化硫去除率、化学需氧量去除率以及氨氮去除率等指标构建环境规制综合指数，测度地区层面环境规制强度，数据来源于历年《中国环境统计年鉴》与《中国统计年鉴》。影响机制回归结果如表7-6所示。在表7-6中，环境分权管理各变量回归系数均为负，说明环境分权管理会抑制环境规制，进而促进经济增长。

表7-6　影响机制回归结果

变量	RES		
	ED	EAD	EMD
ED	−0.178 ** (−2.485)		
EAD		−0.080 ** (−2.137)	
EMD			−0.098 *** (−2.720)
控制变量	控制	控制	控制
_cons	9.858 *** (3.625)	9.514 *** (3.464)	10.221 *** (3.776)
年度和个体	控制	控制	控制

续表

变量	RES		
	ED	EAD	EMD
Adj. R^2/Pse. R^2	0.801	0.799	0.802
F	83.355	82.568	83.952
N	240	240	240

注：括号内为相应的 t 值，＊、＊＊、＊＊＊分别代表在 10%、5%、1%水平下显著。

7.3.2 空间自回归检验

为保证结论的科学性和有效性，本书利用各省会城市经纬度数据，通过
Stata 软件测算各省会城市间地理距离，以衡量省际地理距离，构建相应地理
距离空间权重矩阵，测算经济增长与环境分权管理的全局 Moran's I 指数，分
别从经济角度、环境角度考察空间自相关性，测算结果如表 7-7 所示。表 7-7
汇报了 2008~2015 年经济增长与环境分权管理的全局 Moran's I 指数以及 P
值，测算结果表明，经济增长（ln$PGDP$）与环境分权管理（ED）均存在显
著空间自相关性。为此，本书在传统面板固定效应模型基础上，借鉴马述忠
和刘梦恒（2016）的做法，根据地理距离权重矩阵，通过空间 Durbin 模型和
空间误差模型，考察空间溢出效应影响下，环境分权管理对经济增长的影响。

表 7-7　2008~2015 年经济增长与环境分权管理的全局 Moran's I 指数及 P 值

年份	ln$PGDP$		ED	
	Moran's I 指数	P 值	Moran's I 指数	P 值
2008	0.165	0.000	0.059	0.005
2009	0.154	0.000	0.068	0.002
2010	0.159	0.000	0.047	0.013
2011	0.156	0.000	0.050	0.010
2012	0.154	0.000	0.049	0.011
2013	0.150	0.000	0.053	0.009
2014	0.143	0.000	0.053	0.008
2015	0.138	0.000	0.066	0.003

7.3.3 环境分权管理的空间溢出效应分析

为验证命题 7-2，考察空间溢出效应对本省经济增长的影响，本书通过 Hausman 检验，确定应建立空间 Durbin 面板固定效应模型进行回归，环境分权管理各变量的空间 Durbin 面板模型回归结果如表 7-8 所示。在表 7-8 中，各模型空间自回归系数（ρ）均在 1% 水平下显著为正，说明经济增长存在省际间正向溢出效应，即邻近省份经济增长会促进本省经济增长。在各模型中，环境分权管理（ED）、环境行政分权（EAD）、环境监察分权（EMD）的回归系数分别在 1%、5%、1% 水平下显著为正，说明本省环境分权管理会促进本省经济增长；环境分权管理空间滞后项（WED）、环境行政分权空间滞后项（WEAD）以及环境监察分权空间滞后项（WEMD）的回归系数均在 1% 水平下显著为正，说明邻近省份环境分权管理也会促进本省经济增长。

在各模型中，控制变量影响主要表现为：人力资本（lnHC）的回归系数均在 1% 水平下显著为正，说明人力资本水平越高的地区，其经济增长越快；能源消耗（lnenergy）的回归系数均在 1% 水平下显著为正，说明能源消耗越大的地区，其经济增长越快；人口死亡率（MR）的回归系数分别在 1%、1%、5% 水平下显著为正，说明人口死亡率与地区经济增长存在正相关关系。

表 7-8 环境分权管理各变量空间 Durbin 面板模型回归结果

变量	lnPGDP		
	ED	EAD	EMD
ED	0.057*** (6.158)		
EAD		0.012** (2.380)	
EMD			0.026*** (5.358)
lnHC	0.333*** (4.406)	0.282*** (3.502)	0.341*** (4.401)

续表

变量	lnPGDP		
	ED	EAD	EMD
lnenergy	0.126*** (4.910)	0.130*** (4.608)	0.116*** (4.296)
EI	0.060 (1.075)	0.063 (1.038)	0.095 (1.627)
MR	0.026*** (3.300)	0.022*** (2.647)	0.019** (2.401)
WED	6.064*** (4.879)		
WEAD		4.234*** (4.865)	
WEMD			1.277*** (2.608)
ρ	14.658*** (5.472)	13.632*** (4.741)	15.783*** (5.797)
sigma2_e	0.001*** (10.913)	0.001*** (10.917)	0.001*** (10.898)
Log L	482.988	467.487	472.507
时间效应	控制	控制	控制
个体效应	控制	控制	控制
Hausman 检验	0.0000	0.0004	0.0000
N	240	240	240
R^2	0.174	0.151	0.160

注：括号内为相应的 t 值，*、**、***分别代表在 10%、5%、1%水平下显著。

为验证命题 7-2，考察空间溢出效应对本省经济增长的影响，本书通过 Hausman 检验，确定应建立空间误差面板随机效应模型进行回归，环境分权管理各变量的空间误差面板模型回归结果如表 7-9 所示。在表 7-9 中，各随机效应模型的空间误差系数（λ）均在 1%水平下显著为正，说明邻近省份的不可测因素会促进本省经济增长，进一步证明存在正向空间溢出效应。此外，环境分权管理各变量回归系数依然显著为正，说明在考虑不可测因素的空间溢出效应影响下，环境分权管理依然会促进地区经济增长。

表7-9　环境分权管理各变量空间误差面板模型回归结果

变量	lnPGDP					
	ED		EAD		EMD	
	RE	FE	RE	FE	RE	FE
ED	0.057*** (5.484)	0.054*** (5.494)				
EAD			0.009* (1.652)	0.009* (1.690)		
EMD					0.027*** (5.129)	0.026*** (5.308)
lnHC	0.539*** (6.264)	0.501*** (6.033)	0.553*** (5.947)	0.506*** (5.692)	0.575*** (6.589)	0.532*** (6.353)
lnenergy	0.135*** (4.394)	0.134*** (4.431)	0.119*** (3.668)	0.122*** (3.817)	0.129*** (4.165)	0.130*** (4.289)
EI	0.055 (0.888)	0.062 (1.066)	0.070 (1.081)	0.076 (1.244)	0.068 (1.094)	0.073 (1.265)
MR	0.020** (2.249)	0.022*** (2.689)	0.023** (2.508)	0.026*** (2.953)	0.024*** (2.732)	0.026*** (3.181)
_cons	7.328*** (26.919)		7.482*** (25.585)		7.316*** (26.346)	
λ	18.221*** (5.572)	18.725*** (6.247)	19.232*** (6.330)	19.563*** (6.976)	18.715*** (6.042)	19.111*** (6.692)
ln_phi	4.627*** (16.407)		4.644*** (16.520)		4.693*** (16.699)	
sigma2_e	0.001*** (10.085)	0.001*** (10.813)	0.001*** (10.079)	0.001*** (10.799)	0.001*** (10.090)	0.001*** (10.812)
Log L	355.965	472.391	342.900	459.468	354.091	471.425
时间效应	控制	控制	控制	控制	控制	控制

续表

变量	lnPGDP					
	ED		EAD		EMD	
	RE	FE	RE	FE	RE	FE
个体效应	—	控制	—	控制	—	控制
Hausman 检验(chi2)	−5.37		−3.83		−4.06	
N	240	240	240	240	240	240
R²	0.606	0.577	0.398	0.356	0.486	0.450

注：括号内为相应的 t 值，＊、＊＊、＊＊＊分别代表在 10%、5%、1% 水平下显著。

在各模型中，控制变量影响主要表现为：人力资本（$\ln HC$）的回归系数均在 1% 水平下显著为正，说明人力资本水平越高的地区，其经济增长越快；能源消耗（lnenergy）的回归系数均在 1% 水平下显著为正，说明能源消耗越大的地区，其经济增长越快；人口死亡率（MR）的回归系数均在 1% 水平下显著为正，说明人口死亡率与地区经济增长存在正相关关系。

综上所述，环境分权管理对经济增长影响存在正向空间溢出效应，命题 7-2 得到证实。考察空间溢出效应后，虽然各变量回归系数有所变动，但总体与基准回归结果保持一致，说明本书的研究结论具有较强的稳健性，即环境分权管理会促进经济增长。

7.4 本章小结

本章基于传统环境联邦主义理论，以中国 30 个省级行政区（西藏和港澳台地区除外）作为研究对象，首先，考察了环境分权管理对经济增长的影响，并通过各环境部门分权管理进行补充说明；其次，利用各省会城市经纬度数据，构建相应地理距离空间权重矩阵，测算各省经济增长与环境分权管理的全局 Moran's I 指数,考察经济增长与环境分权管理的空间自相关性;再次,考虑空间溢出效应下,环境分权管理对经济增长的影响;最后,引入环境规制变量,考察环境分权管理对经济增长的影响机制。本章使用人均 GDP 的对数衡量地区经济增长水平,使用不同层级环境部门人员的分布特征衡量环境分权管理水平,使用空间 Durbin 面板固定效应模型和空间误差面板随机效应模型,考察空间溢出效应对经济增长的影响。

研究结果表明:在不考虑空间溢出效应下,环境分权管理、环境行政部门分权管理、环境监察部门分权管理均会抑制环境规制,促进地区经济增长;在考虑空间溢出效应下,这种促进效应依然存在,并且邻近省份的经济增长、环境分权管理、环境行政部门分权管理、环境监察部门分权管理以及不可测因素均会促进本省经济增长。

8 环境分权管理与企业创新产出

从短期来看，在技术进步中性假设下，环境分权管理会降低环境规制强度，减少环境规制给企业带来的额外成本，有利于企业产量和利润的增长，增强企业竞争力。但从长期看，考虑技术进步后，环境规制会倒逼企业技术创新，既有利于企业提高利润，也有利于改善生态环境，进而实现绿色经济与可持续发展。综上所述，尽管环境分权管理在短期内有利于经济增长，但在长期内是否有利于实现绿色经济与可持续发展，取决于其对企业创新的影响。基于宏观层面，本书在第 6 章论证了环境分权管理会抑制技术进步，并进而抑制绿色经济与可持续发展；在第 7 章论证了环境分权管理会抑制环境规制，并进而促进经济增长；因此，研究环境分权管理、环境规制与技术创新之间的内在联系，对于改革生态环境管理体系、实现经济高质量增长具有十分重要的理论价值和现实意义。本章尝试对以下几个问题进行探索：环境分权管理是否有利于提高企业创新产出？对于不同特征的企业，其影响效果是否不同？环境分权管理影响企业创新产出的内生机制是什么？

本章基于传统环境联邦主义理论，以"波特假说"为基础，考察环境分权管理对企业创新产出的影响，并研究其内在作用机制。首先，选取 2008~2015 年 A 股上市公司为初始样本，经过初步筛选后，并通过构建环境分权管理与企业创新产出的基准线性模型，考察环境分权管理对企业创新产出的影响；其次，通过构建环境分权管理与产权性质、盈利能力的交互项，引入基准线性模型，考察企业产权性质、盈利能力的调节效应；最后，以企业年度环境信息披露次数衡量环境信息披露质量，反映企业受到环境规制实际的影响，考察环境分权管理通过影响企业环境信息披露质量，进而影响企业创新产出的作用机制。

8.1 研究设计

8.1.1 样本选取与数据来源

本书采用国家知识产权局公布的专利数据衡量企业创新产出能力，环境部门人员规模数据则来自历年《中国环境统计年鉴》，并经相关平减处理，生成环境分权管理水平的相关数据，并通过国泰安（CSMAR）数据库获取企业财务相关数据，通过北大中经研究中心（CCER）数据库获取企业产权性质数据。由于《中国环境统计年鉴》只公布省级行政区各层级环境部门人员数量的统计数据，且截止到 2015 年，加之 2016 年成立中央环保督导组，专项管理环保督察，考虑数据可得性，以及为避免统计口径不一致造成的影响，因此本书选用 2008~2015 年沪深 A 股上市公司作为初始样本。此外，为保证样本选取的合理性和科学性，本书对初始样本进行以下处理：①剔除金融保险行业，同时发行 B 股或 H 股的部分上市公司样本；②为防止因财务状况异常影响实证结果，剔除 ST 类和 PT 类上市公司；③剔除数据缺失的部分上市公司样本；④为防止极端值和异常值的影响，剔除营业收入增长率超过 1000%、净资产为负的上市公司样本；⑤对初始样本相关数据在 1%显著水平下进行 Winsorize 处理。经上述处理后，所得非平衡面板数据包括 2064 家上市公司有效样本，共 12458 条样本观测值。变量说明和描述性统计如表 8-1 所示。

表 8-1 变量说明与描述性统计

变量类型	变量名称 （符号）	均值	标准差	最小值	最大值	度量方法
被解释变量	专利申请量 （lnApply）	2.029	1.683	0.000	6.213	ln（1+企业年度专利申请量）
解释变量	环境分权管理（ED）	1.063	0.987	0.280	4.120	地区环境部门省级、国家级合计人员规模占全国比重与地区人口占全国比重之比，并用 $[1-(CDP_u/GDP_t)]$ 进行平减得到
中介变量	环境信息披露质量（EIDQ）	1.047	3.591	0.000	24.000	年度环境信息披露次数
控制变量	企业规模（Size）	21.894	1.123	19.862	25.196	企业总资产，取对数得到
	财务杠杆（Lev）	0.433	0.205	0.047	0.851	企业总负债/企业总资产
	盈利能力（Roa）	0.047	0.049	-0.093	0.213	企业净利润/企业总资产
	企业年龄（Age）	8.964	6.179	1.000	23.000	企业上市年龄的自然对数
	产权性质（State）	0.434	0.496	0.000	1.000	实际控制人类型为国有控股时取1，否则取0
	第一大股东持股比例（Top1）	0.360	0.150	0.091	0.750	第一大股东持股数量
	机构持股比例（Inst）	0.385	0.227	0.005	0.859	机构持股数量/总股本
	独立董事席位占比（Indep）	0.370	0.052	0.308	0.571	独立董事席位/董事会总席位

8.1.2 变量定义

为对命题 8-1~命题 8-4 进行实证检验，考察环境分权管理对企业创新产出的影响，本章选取以下变量，并就测度方法进行如下说明：

（1）被解释变量：企业创新产出（lnApply）。常见的企业创新产出变量主要有新产品种类和数目（Acs 和 Audretsch，1988）、新产品产值（陈林等，2019）、专利（苏昕和周升师，2019）等。由于专利被视为企业技术进步的实质体现形式，结合数据可得性，本章选取企业年度专利申请量作为被解释变量，衡量企业创新产出能力，用 lnApply 表示。此外，为了使研究结果更加稳健，本章选取企业年度专利授权量作为企业创新产出能力的另一种度量方法进行实证检验，用 lnGrants 表示。

（2）解释变量：环境分权管理（ED）。由于尚未有权威机构公布环境分权管理水平数据，本章借鉴祁毓等（2014）的做法，运用不同层级环境部门人员的分布特征反映环境分权管理水平，为进一步缓解可能存在的内生性问题，采用 $[1-(GDP_{it}/GDP_t)]$ 对环境分权管理变量进行平减。即本章选用地区环境部门省级、国家级合计人员规模占全国比重与地区人口占全国比重之比，并经 $[1-(GDP_{it}/GDP_t)]$ 进行平减得到环境分权管理水平，用 ED 表示。

（3）控制变量（CV）。除环境分权管理外，影响企业创新产出的变量还有很多，尤其是企业内部因素，借鉴现有文献的做法（陈钦源等，2017；凌鸿程和孙怡龙，2019），本书选取以下企业特征变量和治理变量作为控制变量，用 CV 表示。企业特征变量主要包括：企业规模（Size），用企业总资产的自然对数衡量，预期企业规模越大，创新产出能力越高；财务杠杆（Lev），用企业总负债与总资产之比衡量，预期企业财务杠杆越高，创新产出能力越低；盈利能力（Roa），用企业净利润与总资产之比衡量，预期企业盈利能力越强，创新产出能力越高；企业年龄（Age），用企业上市年龄的自然对数衡量，预期上市时间越长的企业，其创新产出能力越高；产权性质（State），企业实际控制人类型为国有控股取 1，否则取 0，预期企业国有产权性质将抑制创新产出。企业治理变量主要包括：第一大股东持股比例（Top1），用企业第一大股东持股数量与总股本之比衡量，预期企业第一大股东持股比例越高，创新产出能力越低；机构持股比例（Inst），用机构持股数量与总股本之比衡量，预期机构持股比例越高的企业，其创新产出能力越高；独立董事席位占比（Indep），用独立董事席位数与董事会总席位数之比衡量，预期独立董事席位占比越高的企业，其创新产出能力越低。

（4）中介变量：环境信息披露质量（EIDQ）。对研究环境分权管理与企业创新产出的内在影响机制，常用中介变量为环境规制。由于环境信息披露制度的不完善，企业所发生的环境事项、对外部带来的影响及企业的环境治理的定量研究成果并不丰富，造成创新补偿效应与成本增加效应的量化不便，增加了现有研究成果量化环境规制对企业实际影响的难度。基于此，本书借鉴倪娟和孔令文（2016）的做法，采用企业年度环境信息披露次数衡量企业环境信息披露质量，反映企业受政府环境规制的实际影响，用 *EIDQ* 表示，考察环境分权管理通过影响企业环境信息披露质量，进而影响企业创新产出的作用机制。

8.1.3　计量模型构建

为验证命题 8-1，考察环境分权管理对企业创新产出的影响，本章构建环境分权管理与企业创新产出基准模型，鉴于现有分权变量的研究成果中，大多认为分权变量与企业创新产出呈线性关系，建立如下回归模型：

$$\ln Apply_{it} = \alpha_0 + \alpha_1 ED_{it} + \sum \alpha_j CV_{it} + \sum Year_t + \sum V_t + \varepsilon_{it} \tag{8-1}$$

其中，$\ln Apply$ 为被解释变量，代表企业创新产出能力；*ED* 为解释变量，代表环境分权管理水平；*CV* 为一系列的控制变量，包括企业规模（*Size*）、财务杠杆（*Lev*）、盈利能力（*Roa*）、企业年龄（*Age*）、产权性质（*State*）、第一大股东持股比例（*Top*1）、机构持股比例（*Inst*）以及独立董事席位占比（*Indep*）；α 为回归系数，$j = 2 \sim 9$。*Year* 用以控制时间固定效应，*V* 用以控制行业固定效应，ε 为随机扰动项。预期 $\alpha_1 < 0$，即环境分权管理水平越高的地区，企业创新产出能力越低。

企业自身特征是否会影响环境分权管理与企业创新产出？环境分权管理体系下，地方政府由于晋升激励机制可能会对本地企业进行包庇，这无疑会抑制企业创新行为，但企业产权性质不同、盈利能力不同，都将会影响企业创新决策。总体来说，国有企业的创新产出能力受环境分权管理影响较小；盈利能力强的企业，其创新产出能力受环境分权管理影响较大。为了验证命题 8-2 和命题 8-3，本书将进一步构建企业特征变量与环境分权管理的交互项，并将其加入基准模型，考察不同产权性质、盈利能力的企业，研究其创新产出能力受环境分权管理影响的差异，具体如下：

$$\ln Apply_{it} = \beta_0 + \beta_1 ED_{it} + \beta_2 ED_{it} \times Firm_{it} + \sum \beta_j CV_{it} + \sum Year_t + \sum V_t + \varepsilon_{it}$$

$$(8-2)$$

其中，$Firm$ 为企业属性变量，包括产权性质（$State$）和盈利能力（Roa），$ED \times Firm$ 为环境分权管理与企业属性变量的交互项，β 为回归系数，$j=3\sim 10$。预期当 $Firm$ 代表产权性质（$State$）时，$\beta_2>0$，即企业的国有性质会缓解环境分权管理对创新产出的抑制作用；当 $Firm$ 代表盈利能力（Roa）时，$\beta_2<0$，即企业盈利能力会加重环境分权管理对创新产出的抑制作用。

此外，为验证命题8-4，考察环境分权管理与企业创新产出的内在影响机制，本章引入企业环境信息披露质量，研究其对环境分权管理影响企业创新产出的中介效应。这么做的原因在于：在环境管理体系的完善过程中，不仅会对企业环境管理及相应的披露行为起到有效的规制作用，还由于其对披露指标内容的重要参考和引导价值，对环境信息披露发展起到巨大的推动作用；而随着企业环境信息披露质量提高，能够有效缓解企业与银行等投融资机构间存在的信息不对称问题，降低企业融资约束，进而在市场利润驱动下，利用充足的资金进行技术创新。本章采用企业环境信息披露质量衡量企业受政府环境规制的实际影响程度，借鉴温忠麟等（2004）中介效应模型，考察环境分权管理通过影响企业环境信息披露质量，进而影响企业创新产出的作用机制。本章构建中介效应模型如下：

$$EIDQ_{it} = \delta_0 + \delta_1 ED_{it} + \sum \delta_j CV_{it} + \sum Year_t + \sum V_t + \varepsilon_{it} \qquad (8-3)$$

$$\ln Apply_{it} = \alpha_0 + \alpha_1 ED_{it} + \sum \alpha_j CV_{it} + \sum Year_t + \sum V_t + \varepsilon_{it} \qquad (8-1)$$

$$\ln Apply_{it} = \gamma_0 + \gamma_1 ED_{it} + \gamma_2 EIDQ_{it} + \sum \gamma_j CV_{it} + \sum Year_t + \sum V_t + \varepsilon_{it}$$

$$(8-4)$$

其中，$EIDQ$ 代表企业环境信息披露质量，δ、γ 均为回归系数，$j=3\sim 10$。预期 $\delta_1<0$、$\gamma_2>0$，即环境分权管理会降低企业环境信息披露质量，进而抑制企业创新产出。

8.1.4 描述性统计

由表 8-1 的描述性统计结果可知，各指标标准差普遍较小，所选样本总体比较稳定。对于解释变量环境分权管理（*ED*），区域之间存在显著差异，最小值为 0.280，最大值为 4.120。受内部治理结构、外部市场环境、政策支持力度等因素影响，企业创新产出（ln*Apply*）区域差异性特征也十分明显，但在样本期内，企业创新产出能力总体随着环境分权管理水平进行反方向变动。此外，本章描述性统计结果与现有文献差别不大，说明本书样本选取和指标选择的科学性和有效性（赵璨等，2019；邹洋等，2019；梅春等，2019）。

8.2   实 证 分 析

8.2.1   基准回归结果分析

为验证命题 8-2，本章构建基准线性模型，考察环境分权管理对企业创新产出的影响，表 8-2 为基准线性回归结果。其中，模型（1）为不加入控制变量、不控制年度和行业效应，模型（2）为不加入控制变量、控制年度和行业效应，模型（3）为加入控制变量、不控制年度和行业效应，模型（4）为加入控制变量、控制年度和行业效应。

如表 8-2 所示，各模型中，环境分权管理回归系数均在 1% 水平下显著为负，说明环境分权管理会抑制企业创新产出。这主要是因为：为获得靠前的考核排位和晋升优势，地方政府在任期内会放松环境规制，并通过政策导向把有限的资源引导投入风险低、短期收益高、回报周期短、提供就业岗位多的生产环节中，而非风险大、短期收益低、回报周期长、提供就业岗位少的创新环节中（田红宇等，2019）。命题8-1得到证实。

在模型（3）和模型（4）中，控制变量影响主要表现为：企业规模（Size）的回归系数均在1%水平下显著为正，说明规模越大的企业，其创新产出能力越高；盈利能力（Roa）的回归系数均在5%水平下显著为正，说明盈利能力越强的企业，其技术水平越高，创新产出能力也越强；企业年龄（Age）的回归系数均在1%水平下显著为负，说明为了打破在位企业的垄断地位，新兴企业创新意愿更强；产权性质（State）的回归系数均在1%水平下显著为负，说明相较于国有企业，非国有企业创新动力更足；第一大股东持股比例（Top1）的回归系数均在1%水平下显著为负，说明股权集中度越高的企业，其大股东会侵蚀小股东的权益，抑制企业创新；机构持股比例（Inst）的回归系数均在1%水平下显著为正，说明机构持股比例越高的企业，其面临外部监管作用越强。

表8-2　基准线性回归结果

变量	lnApply			
	模型（1）	模型（2）	模型（3）	模型（4）
ED	-0.142*** (-8.856)	-0.050*** (-3.621)	-0.124*** (-8.139)	-0.073*** (-5.630)
Size			0.462*** (25.010)	0.455*** (29.239)
Lev			-0.877*** (-9.546)	-0.076 (-0.919)
Roa			0.682** (2.121)	2.131*** (7.476)
Age			-0.056*** (-19.770)	-0.020*** (-8.119)
State			-0.316*** (-8.955)	-0.089*** (-3.016)

续表

变量	lnApply			
	模型（1）	模型（2）	模型（3）	模型（4）
$Top1$			-0.818^{***} (-7.660)	-0.229^{***} (-2.630)
$Inst$			0.243^{***} (3.369)	0.188^{***} (3.085)
$Indep$			0.380 (1.341)	-0.065 (-0.279)
$\_cons$	2.181^{***} (98.937)	0.646^{***} (6.109)	-6.901^{***} (-17.886)	-8.751^{***} (-26.436)
年度和行业	不控制	控制	不控制	控制
Adj. R^2/Pse. R^2	0.007	0.324	0.107	0.398
F	78.424	283.609	168.871	273.103
N	12458	12458	12458	12458

注：括号内为相应的 t 值，＊、＊＊、＊＊＊分别代表在 10%、5%、1%水平下显著。

8.2.2　稳健性检验

考虑研究结果可能受到极端样本值的影响，为使研究结果更加稳健，本节采用以下三种方法进行稳健性检验：一是替换解释变量，采用相同方法分别测算环境行政部门、环境监察部门以及环境监测部门的分权水平，以及采用相应的环境行政分权（EAD）、环境监察分权（EMD）、环境监测分权（ESD）作为环境分权管理的其他度量方法进行实证研究，并对环境分权管理影响经济增长进行补充说明；二是替换被解释变量，用专利授权量替代专利申请量，考察环境分权管理各变量对企业专利授权量的影响；三是采用分位数回归方法，对专利申请量位于 0.25、0.5、0.75 分位点时，环境分权管理各变量对专利申请量进行分位数回归。

8.2.2.1　替代解释变量稳健性检验

考察各环境部门分权管理水平对专利申请量的影响，回归结果如表 8-3

所示。在表8-3中，环境行政分权（*EAD*）、环境监察分权（*EMD*）、环境监测分权（*ESD*）回归系数均在1%的水平下显著为负，说明环境行政部门分权管理、环境监察部门分权管理、环境监测部门分权管理均会抑制企业创新产出。

表8-3　各环境部门分权管理回归结果

变量	ln*Apply*		
	EAD	*EMD*	*ESD*
EAD	-0.096*** (-6.551)		
EMD		-0.077*** (-5.723)	
ESD			-0.059*** (-5.142)
Size	0.455*** (29.223)	0.455*** (29.187)	0.453*** (29.080)
Lev	-0.080 (-0.975)	-0.072 (-0.868)	-0.063 (-0.762)
Roa	2.088*** (7.341)	2.112*** (7.416)	2.137*** (7.500)
Age	-0.019*** (-7.902)	-0.020*** (-7.993)	-0.020*** (-8.009)
State	-0.088*** (-3.013)	-0.089*** (-3.012)	-0.093*** (-3.180)
*Top*1	-0.232*** (-2.671)	-0.229*** (-2.629)	-0.232*** (-2.665)
Inst	0.187*** (3.068)	0.187*** (3.075)	0.185*** (3.044)
Indep	-0.054 (-0.231)	-0.073 (-0.313)	-0.074 (-0.316)
_*cons*	-8.719*** (-26.297)	-8.729*** (-26.344)	-8.722*** (-26.318)
年度和行业	控制	控制	控制

续表

变量	ln*Apply*		
	EAD	EMD	ESD
Adj. R^2/Pse. R^2	0.399	0.398	0.398
F	272.899	271.790	272.738
N	12458	12458	12458

注：括号内为相应的 t 值，*、**、***分别代表在 10%、5%、1%水平下显著。

比较表 8-3 中各环境部门分权管理的回归系数，发现环境行政分权（*EAD*）最大、环境监察分权（*EMD*）次之、环境监测分权（*ESD*）最小，这主要是因为各部门环境事权差异造成的。其中，环境行政部门主管资金和人员的调配，负责制定环境管理制度，其环境事权最大，分权水平过高会造成地方用于环境管理的资源较少，降低环境规制强度最为明显；环境监察部门负责环境管理的具体实施，其环境事权次之，分权水平直接影响环境政策执行效果；环境监测部门负责搜集环境质量信息，其环境事权最弱，无法对污染性生产行为进行有效约束与监督（李国祥和张伟，2019）。也就是说，环境事权越强的部门，其分权管理对企业创新产出抑制作用越明显。

综上所述，在替换解释变量后，虽然各环境部门受环境事权强弱影响，回归系数均发生不同幅度的变动，但作用方向与基准线性回归结果保持一致；此外，在各模型中，控制变量回归系数变动幅度均不大，且作用方向与基准线性回归结果保持一致，说明本书的研究结论具有较强的稳健性。

8.2.2.2　替代被解释变量稳健性检验

考察环境分权管理各变量对专利授权量的影响，回归结果如表 8-4 所示。表 8-4 中，替换被解释变量后，虽然环境分权管理各变量回归系数的绝对值均有所上升，但幅度均不大，且作用方向与专利申请量回归结果保持一致；此外，在各模型中，控制变量回归系数变动幅度均不大，且作用方向与基准线性回归结果保持一致，说明本书研究结论具有较强的稳健性。

表 8-4 专利授权量回归结果

变量	lnGrants			
	ED	EAD	EMD	ESD
ED	-0.082*** (-6.644)			
EAD		-0.104*** (-7.558)		
EMD			-0.085*** (-6.662)	
ESD				-0.062*** (-5.693)
Size	0.428*** (27.809)	0.427*** (27.787)	0.427*** (27.753)	0.425*** (27.618)
Lev	-0.109 (-1.403)	-0.112 (-1.443)	-0.103 (-1.323)	-0.092 (-1.183)
Roa	1.336*** (4.930)	1.289*** (4.766)	1.315*** (4.856)	1.341*** (4.945)
Age	-0.014*** (-5.964)	-0.013*** (-5.720)	-0.013*** (-5.825)	-0.013*** (-5.859)
State	-0.102*** (-3.671)	-0.103*** (-3.695)	-0.103*** (-3.690)	-0.108*** (-3.901)
Top1	-0.159* (-1.911)	-0.164** (-1.970)	-0.160* (-1.920)	-0.164** (-1.974)
Inst	0.174*** (2.979)	0.173*** (2.963)	0.173*** (2.970)	0.172*** (2.938)
Indep	-0.013 (-0.060)	-0.001 (-0.006)	-0.022 (-0.100)	-0.023 (-0.102)
_cons	-8.592*** (-26.311)	-8.556*** (-26.169)	-8.567*** (-26.223)	-8.560*** (-26.180)
年度和行业	控制	控制	控制	控制
Adj. R²/Pse. R²	0.393	0.393	0.392	0.392
F	253.652	253.581	252.388	253.497
N	12458	12458	12458	12458

注：括号内为相应的 t 值，*、**、***分别代表在 10%、5%、1%水平下显著。

8.2.2.3 分位数稳健性检验

当专利申请量位于 0.25、0.5、0.75 分位点时，环境分权管理各变量对专利申请量进行分位数回归，回归结果如表 8-5 所示。表 8-5 中，环境分权管理各变量在 0.25、0.5、0.75 分位点上的回归系数均显著为负，与前文保持一致，说明本书的研究结论具有较强稳健性。

表 8-5 分位数回归结果

分类	变量	0.25 分位数	0.5 分位数	0.75 分位数
环境分权管理	*ED*	-0.033*** (0.017)	-0.050*** (0.015)	-0.038** (0.016)
	Adj. R^2/Pse. R^2	0.2112	0.2855	0.2624
环境行政分权	*EAD*	-0.044*** (0.020)	-0.070*** (0.018)	-0.068*** (0.018)
	Adj. R^2/Pse. R^2	0.2113	0.2856	0.2628
环境监察分权	*EMD*	-0.032* (0.018)	-0.054*** (0.015)	-0.043** (0.018)
	Adj. R^2/Pse. R^2	0.2111	0.2856	0.2625
环境监测分权	*ESD*	-0.028* (0.015)	-0.033** (0.014)	-0.033** (0.014)
	Adj. R^2/Pse. R^2	0.2111	0.2854	0.2624

注：括号内为相应的 t 值，*、**、***分别代表在 10%、5%、1%水平下显著。

8.2.3 内生性检验

针对研究结论可能存在的内生性问题，本书借鉴张栋浩和樊此君（2019）的做法，选取人口出生率（*bl*）作为工具变量，数据来源于历年《中国统计年鉴》。其合理性在于环境分权管理水平与人口出生率高度负相关，而企业创新产出能力与人口出生率无关。环境分权管理水平越高的地区，其环境规制强度越弱，环境质量和居民健康水平越差，人口出生率越低。比较不同环境分权管理水平地区的人口出生率，以上海市为例，2008~2015 年的人口出生率均值为 8.149‰，环境分权管理各变量的平均水平分别为 2.235、1.813、2.089、2.967；以云南省为例，2008~2015 年的人口出生率均值为 12.715‰，环境分权各变量平均水平分别为 0.848、0.858、0.664、0.822。此外，人口出生率无论是从统计上还是从经济理论上都不会对企业创新产出能力产生影响，因此在分析环境分权管理对企业创新产出影响时，人口出生率是环境分权管理一个相对较好的工具变量。为验证上述观点，本书采用企业创新产出作为被解释变量，环境分权管理各变量和人口出生率作为解释变量，进行工具变量排他性检验，得出在控制环境分权管理因素后，人口出生率和企业创新产出的关系不再显著，回归结果如表 8-6 所示。

表 8-6 工具变量排他性检验

变量	ln*Apply*			
	ED	*EAD*	*EMD*	*ESD*
ED	−0.074*** (0.014)			
EAD		−0.095*** (0.015)		
EMD			−0.076*** (0.014)	
ESD				−0.059*** (0.012)
bl	−0.002 (0.006)	0.001 (0.006)	0.002 (0.006)	−0.001 (0.006)
Size	0.455*** (0.016)	0.455*** (0.016)	0.455*** (0.016)	0.453*** (0.016)
Lev	−0.076 (0.083)	−0.081 (0.083)	−0.072 (0.083)	−0.063 (0.083)
Roa	2.129*** (0.285)	2.090*** (0.285)	2.114*** (0.285)	2.136*** (0.285)
Age	−0.020*** (0.002)	−0.019*** (0.002)	−0.020*** (0.002)	−0.020*** (0.002)

续表

变量	lnApply			
	ED	EAD	EMD	ESD
State	−0.088 ***	−0.089 ***	−0.089 ***	−0.093 ***
	(0.029)	(0.029)	(0.029)	(0.029)
Top1	−0.230 ***	−0.231 ***	−0.227 ***	−0.233 ***
	(0.087)	(0.087)	(0.087)	(0.087)
Inst	0.188 ***	0.187 ***	0.187 ***	0.185 ***
	(0.061)	(0.061)	(0.061)	(0.061)
Indep	−0.064	−0.055	−0.074	−0.073
	(0.233)	(0.233)	(0.233)	(0.233)
_cons	−8.731 ***	−8.737 ***	−8.753 ***	−8.708 ***
	(0.337)	(0.336)	(0.336)	(0.338)
年度和行业	控制	控制	控制	控制
Adj. R^2/Pse. R^2	0.398	0.399	0.398	0.398
F	265.928	265.853	264.860	265.604
N	12458	12458	12458	12458

注：括号内为相应的 t 值，* 、* * 、* * * 分别代表在 10%、5%、1%水平下显著。

工具变量内生性检验回归结果如表 8-7 和表 8-8 所示。在表 8-7 环境分权管理各模型中，人口出生率的回归系数均在 1%水平下显著为负，说明环境分权管理与人口出生率显著负相关；在表 8-8 中，环境分权管理各变量的回归系数依旧均在 10%水平下显著为负，与前文保持一致，进一步论证了人口出生率是环境分权管理的一个有效工具变量，说明研究结论在考虑可能存在的内生性后依然成立。

表 8-7　工具变量内生性检验第一阶段

变量	ED	EAD	EMD	ESD
bl	−0.161 ***	−0.094 ***	−0.111 ***	−0.192 ***
	(0.005)	(0.005)	(0.005)	(0.006)

续表

变量	ED	EAD	EMD	ESD
Size	0.059*** (0.010)	0.046*** (0.009)	0.051*** (0.010)	0.036*** (0.012)
Lev	−0.521*** (0.057)	−0.464*** (0.055)	−0.463*** (0.056)	−0.429*** (0.064)
Roa	0.135 (0.198)	−0.305* (0.185)	−0.065 (0.194)	0.286 (0.225)
Age	0.004** (0.002)	0.009*** (0.002)	0.009*** (0.002)	0.009*** (0.002)
State	0.306*** (0.021)	0.230*** (0.020)	0.283*** (0.021)	0.299*** (0.024)
*Top*1	0.190*** (0.061)	0.140** (0.057)	0.225*** (0.061)	0.189*** (0.072)
Inst	−0.052 (0.041)	−0.054 (0.037)	−0.062 (0.040)	−0.107** (0.045)
Indep	0.167 (0.153)	0.229 (0.139)	0.031 (0.147)	0.057 (0.178)
_*cons*	1.787*** (0.230)	1.328*** (0.211)	1.449*** (0.222)	2.601*** (0.257)
年度和行业	控制	控制	控制	控制
Adj. R^2/Pse. R^2	0.185	0.119	0.147	0.186
F	63.473	49.396	52.289	62.761
N	12458	12458	12458	12458

注：括号内为相应的 t 值，*、**、*** 分别代表在 10%、5%、1% 水平下显著。

表 8-8 工具变量内生性检验第二阶段

变量	ln*Apply*			
	ED	EAD	EMD	ESD
ED	−0.064* (−1.761)			

续表

变量	lnApply			
	ED	EAD	EMD	ESD
EAD		−0.110* (−1.761)		
EMD			−0.093* (−1.760)	
ESD				−0.054* (−1.760)
Size	0.455*** (30.930)	0.456*** (30.746)	0.456*** (30.791)	0.453*** (31.065)
Lev	−0.070 (−0.819)	−0.088 (−0.987)	−0.080 (−0.913)	−0.060 (−0.711)
Roa	2.128*** (7.563)	2.086*** (7.416)	2.113*** (7.516)	2.135*** (7.580)
Age	−0.020*** (−8.182)	−0.019*** (−7.587)	−0.019*** (−7.781)	−0.020*** (−8.015)
State	−0.091*** (−2.898)	−0.085*** (−2.620)	−0.084** (−2.569)	−0.095*** (−3.065)
Top1	−0.232*** (−2.637)	−0.229*** (−2.593)	−0.223** (−2.513)	−0.234*** (−2.664)
Inst	0.188*** (3.100)	0.186*** (3.055)	0.186*** (3.057)	0.186*** (3.055)
Indep	−0.066 (−0.289)	−0.051 (−0.226)	−0.074 (−0.324)	−0.073 (−0.323)
_cons	−8.749*** (−28.367)	−8.717*** (−28.285)	−8.729*** (−28.318)	−8.723*** (−28.290)
年度和行业	控制	控制	控制	控制
Adj. R²/Pse. R²	0.398	0.399	0.398	0.398
F	222.891	223.084	222.877	222.784
N	12458	12458	12458	12458

注：括号内为相应的 t 值，*、**、***分别代表在 10%、5%、1%水平下显著。

8.3　进一步讨论

通过上述的基准回归结果分析，论证了环境分权管理会抑制企业创新产出。考虑到企业异质性会影响环境分权管理对企业创新产出的抑制作用，本书将进一步讨论产权性质、盈利能力等企业特征变量对环境分权管理抑制企业创新产出的调节效应，并进一步探讨环境分权管理抑制企业创新产出的内生机制。

8.3.1　调节效应回归结果分析

8.3.1.1　企业产权性质调节效应回归结果分析

为了验证命题 8-2，本书在基准线性模型中，加入环境分权管理各变量与企业产权性质的交互项，进一步考察产权性质对环境分权管理抑制企业创新产出的调节效应，回归结果如表 8-9 所示。在表 8-9 中，各交互项的回归系数均在 1% 水平下显著为正，说明相较于非国有企业，国有企业更不容易受到环境分权管理影响，降低创新产出能力。命题 8-2 得证。

比较表 8-9 中各环境部门分权管理交互项回归系数，发现环境监察分权交互项（$EMD \times State$）最大，环境行政分权交互项（$EAD \times State$）次之，环境监测分权交互项（$ESD \times State$）最小。这主要是因为环境监察部门负责环境规制的日常事务，其分权管理水平提高对环境规制强度易产生较大削弱，但国有企业随时面临来自中央巡视组的督查，这种削弱效应对其不明显。也就是说，与环境规制日常事务相关性越高的部门，企业国有产权性质对环境分权管理抑制创新产出的调节作用越明显。

表 8-9　企业产权性质调节效应回归结果

变量	lnApply			
	ED	EAD	EMD	ESD
ED	−0. 141 *** （−7. 707）			
ED×State	0. 128 *** （5. 015）			
EAD		−0. 157 *** （−7. 356）		
EAD×State		0. 114 *** （3. 908）		
EMD			−0. 156 *** （−8. 002）	
EMD×State			0. 139 *** （5. 246）	
ESD				−0. 120 *** （−7. 315）
ESD×State				0. 113 *** （4. 995）
Size	0. 452 *** （29. 100）	0. 454 *** （29. 145）	0. 452 *** （29. 054）	0. 451 *** （29. 014）
Lev	−0. 070 （−0. 851）	−0. 079 （−0. 963）	−0. 070 （−0. 849）	−0. 060 （−0. 732）
Roa	2. 163 *** （7. 613）	2. 091 *** （7. 364）	2. 140 *** （7. 538）	2. 172 *** （7. 647）
Age	−0. 020 *** （−8. 095）	−0. 019 *** （−7. 698）	−0. 019 *** （−7. 814）	−0. 020 *** （−8. 051）
State	−0. 222 *** （−5. 649）	−0. 205 *** （−4. 938）	−0. 212 *** （−5. 637）	−0. 227 *** （−5. 724）
Top1	−0. 269 *** （−3. 083）	−0. 257 *** （−2. 945）	−0. 269 *** （−3. 079）	−0. 262 *** （−3. 001）
Inst	0. 194 *** （3. 198）	0. 193 *** （3. 180）	0. 199 *** （3. 268）	0. 193 *** （3. 172）

续表

变量	lnApply			
	ED	EAD	EMD	ESD
Indep	−0.052 (−0.223)	−0.048 (−0.208)	−0.068 (−0.294)	−0.075 (−0.325)
_cons	−8.644*** (−26.129)	−8.639*** (−26.060)	−8.629*** (−26.050)	−8.623*** (−26.062)
年度和行业	控制	控制	控制	控制
Adj. R^2/Pse. R^2	0.399	0.399	0.400	0.399
F	268.855	268.059	267.965	268.931
N	12458	12458	12458	12458

注：括号内为相应的 t 值，*、**、***分别代表在 10%、5%、1%水平下显著。

8.3.1.2 企业盈利能力调节效应回归结果分析

为了验证命题 8-3，本书在基准线性模型中，加入环境分权管理各变量与企业盈利能力交互项，进一步考察企业盈利能力对环境分权管理抑制企业创新产出的调节效应，其回归结果如表 8-10 所示。在表 8-10 中，各交互项的回归系数均在 1%水平下显著为负，说明盈利能力会加重环境分权管理对企业创新产出能力的抑制作用。命题 8-3 得到证实。

比较表 8-10 中各环境部门分权治理交互项回归系数，发现环境行政分权交互项（EAD×Roa）和环境监察分权交互项（EMD×Roa）都比较大，环境监测分权交互项（ESD×Roa）最小，这主要是由各部门环境事权决定的。环境监察部门作为环境事务的直管部门，环境行政部门拥有制定环保机制、协调配置资源等权力，都具有较强的环境事权，而环境监测部门只有监督权，没有执法权，环境事权并不强；环境分权管理体系下，环境事权越强会造成环境规制强度削弱越严重，进而不能有效治理企业排污行为，也不会促进企业技术创新。也就是说，环境事权越强的部门，其分权管理抑制企业创新产出越严重，且企业盈利能力越强，抑制作用将更明显。

表 8-10　企业盈利能力调节效应回归结果

变量	lnApply			
	ED	EAD	EMD	ESD
ED	−0.031* (−1.733)			
ED×Roa	−0.806*** (−3.110)			
EAD		−0.052*** (−2.772)		
EAD×Roa		−0.952*** (−3.312)		
EMD			−0.031* (−1.744)	
EMD×Roa			−0.958*** (−3.660)	
ESD				−0.030** (−1.994)
ESD×Roa				−0.590*** (−2.595)
Size	0.455*** (29.213)	0.455*** (29.228)	0.454*** (29.166)	0.453*** (29.077)
Lev	−0.065 (−0.791)	−0.073 (−0.883)	−0.059 (−0.717)	−0.056 (−0.682)
Roa	3.017*** (7.806)	3.078*** (7.744)	3.020*** (8.302)	2.880*** (7.390)
Age	−0.020*** (−8.288)	−0.020*** (−8.050)	−0.020*** (−8.179)	−0.020*** (−8.141)
State	−0.088*** (−2.995)	−0.087*** (−2.947)	−0.088*** (−2.985)	−0.093*** (−3.163)
Top1	−0.234*** (−2.695)	−0.235*** (−2.707)	−0.232*** (−2.677)	−0.235*** (−2.706)

变量	lnApply			
	ED	EAD	EMD	ESD
Inst	0.190***	0.190***	0.191***	0.186***
	(3.130)	(3.126)	(3.137)	(3.051)
Indep	−0.050	−0.043	−0.057	−0.064
	(−0.213)	(−0.186)	(−0.246)	(−0.274)
_cons	−8.800***	−8.777***	−8.773***	−8.764***
	(−26.563)	(−26.476)	(−26.485)	(−26.429)
年度和行业	控制	控制	控制	控制
Adj. R^2/Pse. R^2	0.399	0.399	0.399	0.398
F	266.920	266.665	266.077	266.062
N	12458	12458	12458	12458

注：括号内为相应的 t 值，＊、＊＊、＊＊＊分别代表在 10%、5%、1%水平下显著。

8.3.2 环境分权管理与企业创新产出内在影响机制分析

为验证命题 8-4，环境分权管理会通过降低企业环境信息披露质量并进而影响技术创新，本书引入企业环境信息披露质量（EIDQ）作为中介变量，运用中介效应模型进行回归分析，环境分权管理中介效应模型回归结果如表 8-11 所示，各环境部门分权管理中介效应模型如表 8-12~表 8-14 所示。

在表 8-11 中，第一列为环境分权管理（ED）对企业环境信息披露质量（EIDQ）影响的回归结果，回归系数在 5%水平下显著为负，说明环境分权管理会降低企业环境信息披露质量；第二列为去除企业环境信息披露质量（EIDQ）后，环境分权管理（ED）对企业创新产出（lnApply）影响的回归结果，回归系数在 1%水平下显著为负，说明环境分权管理会抑制企业创新产出；第三列为加入企业环境信息披露质量（EIDQ）后，环境分权管理（ED）对企业创新产出（lnApply）影响的回归结果，环境分权管理（ED）回归系数在 1%水平下显著为负，企业环境信息披露质量（EIDQ）回归系数在 1%水平下显著为正，说明环境分权管理会抑制企业创新产出，企业环境信息披露质量会促进企业创新产出。综上所述，企业环境信息披露质量（*EIDQ*）是环境分权管理（*ED*）抑制企业创新产出（ln*Apply*）的中介变量，即环境分权管理会通过降低企业环境信息披露质量，进而抑制企业创新产出能力。命题8-4得到证实。

表8-11　环境分权管理中介效应模型回归结果

变量	因变量		
	EIDQ	ln*Apply*	ln*Apply*
ED	−0.112 ** （−2.281）	−0.073 *** （−5.630）	−0.072 *** （−5.554）
EIDQ			0.009 *** （3.392）
Size	1.333 *** （14.223）	0.455 *** （29.239）	0.444 *** （28.246）
Lev	−2.291 *** （−4.643）	−0.076 （−0.919）	−0.056 （−0.680）
Roa	−3.510 *** （−2.951）	2.131 *** （7.476）	2.161 *** （7.587）
Age	0.035 *** （3.301）	−0.020 *** （−8.119）	−0.020 *** （−8.259）
State	0.302 ** （2.509）	−0.089 *** （−3.016）	−0.091 *** （−3.106）
*Top*1	0.986 ** （2.166）	−0.229 *** （−2.630）	−0.237 *** （−2.733）
Inst	0.998 *** （4.043）	0.188 *** （3.085）	0.179 *** （2.942）
Indep	0.582 （0.507）	−0.065 （−0.279）	−0.070 （−0.301）
_*cons*	−28.930 *** （−14.612）	−8.751 *** （−26.436）	−8.501 *** （−25.429）

续表

变量	因变量		
	EIDQ	ln*Apply*	ln*Apply*
年度与行业	控制	控制	控制
Adj. R^2/Pse. R^2	0.078	0.398	0.399
F	15.626	273.103	267.711
N	12458	12458	12458

注：括号内为相应的 t 值，*、**、***分别代表在10%、5%、1%水平下显著。

通过表8-12、表8-13，同理可得，企业环境信息披露质量（*EIDQ*）也是环境行政分权（*EAD*）、环境监察分权（*EMD*）抑制企业创新产出的中介变量，即环境行政部门分权管理、环境监察部门分权管理均会通过降低企业环境信息披露质量，进而抑制企业创新产出。

表8-12　环境行政部门分权管理中介效应模型回归结果

变量	因变量		
	EIDQ	ln*Apply*	ln*Apply*
EAD	-0.165*** (-2.957)	-0.096*** (-6.551)	-0.094*** (-6.453)
EIDQ			0.009*** (3.363)
Size	1.334*** (14.240)	0.455*** (29.223)	0.444*** (28.239)
Lev	-2.307*** (-4.683)	-0.080 (-0.975)	-0.061 (-0.736)
Roa	-3.578*** (-2.993)	2.088*** (7.341)	2.119*** (7.453)
Age	0.036*** (3.371)	-0.019*** (-7.902)	-0.020*** (-8.042)
State	0.306** (2.553)	-0.088*** (-3.013)	-0.091*** (-3.102)

续表

变量	因变量		
	EIDQ	lnApply	lnApply
Top1	0.985 **	−0.232 ***	−0.241 ***
	(2.169)	(−2.671)	(−2.773)
Inst	0.995 ***	0.187 ***	0.178 ***
	(4.034)	(3.068)	(2.926)
Indep	0.602	−0.054	−0.059
	(0.525)	(−0.231)	(−0.254)
_cons	−28.878 ***	−8.719 ***	−8.472 ***
	(−14.637)	(−26.297)	(−25.305)
年度和行业	控制	控制	控制
Adj. R^2/Pse. R^2	0.078	0.399	0.400
F	15.634	272.899	267.488
N	12458	12458	12458

注：括号内为相应的 t 值，＊、＊＊、＊＊＊分别代表在 10%、5%、1%水平下显著。

表 8-13 环境监察部门分权管理中介效应模型回归结果

变量	因变量		
	EIDQ	lnApply	lnApply
EMD	−0.143 **	−0.077 ***	−0.076 ***
	(−2.544)	(−5.723)	(−5.633)
EIDQ			0.009 ***
			(3.378)
Size	1.333 ***	0.455 ***	0.443 ***
	(14.215)	(29.187)	(28.198)
Lev	−2.297 ***	−0.072	−0.052
	(−4.660)	(−0.868)	(−0.628)
Roa	−3.537 ***	2.112 ***	2.143 ***
	(−2.966)	(7.416)	(7.528)
Age	0.036 ***	−0.020 ***	−0.020 ***
	(3.343)	(−7.993)	(−8.133)
State	0.308 ***	−0.089 ***	−0.091 ***
	(2.592)	(−3.012)	(−3.103)

续表

变量	因变量		
	EIDQ	lnApply	lnApply
Top1	0.994 ** (2.184)	−0.229 *** (−2.629)	−0.237 *** (−2.732)
Inst	0.995 *** (4.038)	0.187 *** (3.075)	0.179 *** (2.933)
Indep	0.569 (0.496)	−0.073 (−0.313)	−0.078 (−0.335)
_cons	−28.895 *** (−14.631)	−8.729 *** (−26.344)	−8.481 *** (−25.345)
年度和行业	控制	控制	控制
Adj. R²/Pse. R²	0.078	0.398	0.399
F	15.627	271.790	266.413
N	12458	12458	12458

注：括号内为相应的 t 值，*、**、*** 分别代表在 10%、5%、1% 水平下显著。

在表 8-14 中，第一列为环境监测分权（ESD）对企业环境信息披露质量（EIDQ）影响的回归结果，回归系数为负，但不显著，说明环境监测部门分权管理对企业环境信息披露不存在显著影响，即企业环境信息披露质量（EIDQ）不是环境监测分权（ESD）抑制企业创新产出（lnApply）的中介变量。这主要是因为环境监测部门环境事权有限，不能对企业生产行为和环境信息披露质量进行有效约束与监督，其分权管理并不会降低环境规制强度（武剑锋等，2015）。也就是说，只有当环境部门的事权超过特定值后，其分权管理才会降低企业环境信息披露质量，进而抑制企业创新产出。

表 8-14 环境监察分权中介效应模型回归结果

变量	因变量		
	EIDQ	lnApply	lnApply
ESD	−0.024 (−0.535)	−0.059 *** (−5.142)	−0.059 *** (−5.128)

续表

变量	因变量		
	EIDQ	ln*Apply*	ln*Apply*
EIDQ			0.009*** (3.427)
Size	1.327*** (14.232)	0.453*** (29.080)	0.441*** (28.083)
Lev	−2.234*** (−4.556)	−0.063 (−0.762)	−0.043 (−0.525)
Roa	−3.534*** (−2.972)	2.137*** (7.500)	2.168*** (7.613)
Age	0.034*** (3.232)	−0.020*** (−8.009)	−0.020*** (−8.148)
State	0.277** (2.291)	−0.093*** (−3.180)	−0.096*** (−3.264)
*Top*1	0.954** (2.101)	−0.232*** (−2.665)	−0.240*** (−2.767)
Inst	1.003*** (4.071)	0.185*** (3.044)	0.177*** (2.898)
Indep	0.572 (0.499)	−0.074 (−0.316)	−0.079 (−0.338)
_*cons*	−28.895*** (−14.637)	−8.722*** (−26.318)	−8.469*** (−25.301)
年度和行业	控制	控制	控制
Adj. R^2/Pse. R^2	0.077	0.398	0.399
F	15.627	272.738	267.321
N	12458	12458	12458

注：括号内为相应的 t 值，＊、＊＊、＊＊＊分别代表在 10%、5%、1%水平下显著。

在此基础上，本书进一步采用 Sobel 法对环境分权管理各变量中介效应模型进行显著性检验，检验结果如表 8-15 所示。在表 8-15 中，环境分权管理（*ED*）、环境行政分权（*EAD*）、环境监察分权（*EMD*）均通过 Sobel 检验，且分别在 10%、5%、5% 水平下显著。考虑到 Sobel 检验假设条件通常为 a×b 服从正态分布，中介效应显著性的检验结果容易受该条件影响而产生误差，因此本书继续通过 Bootstrap 法进行显著性检验，检验结果如表 8-16 所示。在表 8-16 环境分权管理各模型中，Bootstrap 检验的 95% 置信区间均不为 0，满足中介效应模型显著的条件。也就是说，Sobel 检验和 Bootstrap 检验均支持，企业环境信息披露质量为环境分权管理、环境行政部门分权管理、环境监察部门分权管理抑制企业创新产出的中介变量，即环境分权管理、环境行政部门分权管理、环境监察部门分权管理均会通过降低企业环境信息披露质量，进而抑制企业创新产出。

表 8-15　Sobel 检验计算结果

	ED	EAD	EMD
a 值	−0.112	−0.165	−0.143
b 值	0.009	0.009	0.009
中介效应 a×b	−0.001	−0.002	−0.001
直接效应 c'	−0.072	−0.094	−0.076
总效应 c'+a×b	−0.073	−0.096	−0.077
a×b/(c'+a×b)	0.014	0.021	0.013
a×b/c'	0.014	0.021	0.013
c'/(c'+a×b)	0.986	0.979	0.987
Sobel 检验	−0.0010* (−1.714)	−0.0014** (−2.125)	−0.0012** (−2.006)

注：括号内为相应的 z 值，*、**、***分别代表在 10%、5%、1% 水平下显著。

表 8-16　Bootstrap 检验计算结果

	ED	EAD	EMD
中介效应 _bs_1	−0.0010** (−2.21)	−0.0014*** (−2.80)	−0.0012** (−2.56)
直接效应 _bs_2	−0.0718*** (−5.57)	−0.0942*** (−6.62)	−0.0760*** (−5.51)

	ED	EAD	EMD
Normal-based	[−0.0018, −0.0001]	[−0.0024, −0.0004]	[−0.0022, −0.0003]
[95%Conf. Interval]	[−0.0971, −0.0466]	[−0.1222, −0.0663]	[−0.1031, −0.0490]

注：括号内为相应的 z 值，＊、＊＊、＊＊＊分别代表在10%、5%、1%水平下显著。

8.4 本章小结

本章基于传统环境联邦主义理论，以"波特假说"为基础，以 2008～2015 年沪深 A 股上市公司为样本，首先，考察了环境分权管理对企业创新产出的影响，并通过各环境部门分权管理进行补充说明；其次，分析企业特征对创新产出的影响，考察企业特征对环境分权管理影响企业创新产出的扰动作用；最后，研究环境分权管理对企业创新产出影响的内在机制，剖析环境分权管理体系下各利益相关主体间的联系。本章使用专利申请数量和专利授权数量衡量企业创新产出能力，以不同层级环境部门人员分布特征衡量环境分权管理水平，以企业年度披露环境信息次数衡量企业环境信息披露质量。

研究结果表明：环境分权管理会抑制企业创新产出，各环境部门分权管理也会抑制企业创新产出，即环境分权管理水平越高，企业创新产出能力越弱；企业产权性质会缓解这种抑制作用，即相较于非国有企业，国有企业创新产出能力更不容易受到环境分权管理的抑制影响；企业盈利能力会加重这种抑制作用，即相较于盈利能力较低的企业，盈利能力较高的企业的创新产出能力更容易受到环境分权管理的影响；环境分权管理会通过降低企业环境信息披露质量，进而抑制企业创新产出；当环境部门的事权超过特定值后，其分权管理才会降低企业环境信息披露质量，进而抑制企业创新产出。

9 研究结论、政策建议和展望

本书对得到的主要结论进行梳理，根据分析结果提出相应的政策建议，特别是对如何改革环境分权管理制度、推进环境管理体系建设、提高环境管理效率进行充分说明，最后将围绕研究主题给出进一步的研究思路和展望。

9.1 研究结论

本书基于传统环境联邦主义理论，以"波特假说"、"污染天堂假说"、内生经济增长理论以及增长极理论为基础，运用数理模型与博弈论、数据包络分析与计量经济等方法，通过构建环境分权管理、技术创新和绿色经济与可持续发展的分析框架，考察环境分权管理对绿色经济与可持续发展影响的影响效应与作用机制，基本回答了本书开篇提出的四个方面的问题，主要研究结论如下：

第一，粗放型经济发展方式下的效率损失仍有待进一步修复，政府依旧面临经济增长与环境治理的两难抉择，经济发展方式转型升级过程中存在结构性效率损失。本书基于 MaxDEA 8 软件，对考虑二氧化硫、化学需氧量、氨氮三种非期望产出的 30 个省级行政区（西藏和港澳台地区除外）绿色全要素生产率进行估算，说明当前我国绿色经济与可持续发展的现实状况与变化特征。研究发现：就全国层面而言，绿色全要素生产率自2008年后呈逐年交叉下降上升变动趋势，在2011~2013年实现两连增，此后又呈现交叉下降上升变动趋势。考虑到我国现行的是环境分权管理体系，地方政府拥有较大的环境事权，会根据自身发展需求而调整相应的环境标准，在经济增长和环境保护中形成政策引导，由于地方政府面临经济增长与环境保护的两难抉择，因此在全国层面形成交叉下降上升波动态势。分地区来看，绿色全要素生产率大于1（如江苏）或波动上升（如天津）的省份多为东部沿海发达地区，且环境分权管理水平较低，说明当前东部沿海地区正在进行经济发展方式转型，政府政策导向为绿色经济与可持续发展，尽管部分地区粗放发展方式下环境污染造成的效率损失仍有待修复，但值得肯定的是，环境治理已取得初步成效。

本书进一步将绿色全要素生产率分解为技术效应和技术进步，深入研究绿色全要素生产率变化的原因。就全国层面而言，技术效应自2008年开始呈逐年交叉下降上升变动趋势。相较于绿色全要素生产率，技术效应波动幅度更小，但波动态势基本保持一致，这意味着我国企业自身效率提升易受环境政策影响。分地区看，如北京、上海、江苏、广东等东部沿海地区，其技术效率较高但增长乏力，说明对于东部沿海地区而言，其绿色全要素生产率的提高主要贡献来自技术进步。换句话说，当前我国东部沿海地区已开始转型升级，走绿色经济与可持续发展道路。就中西部地区而言，如陕西、江西、山西、重庆等地区的技术效率总体波动态势较平稳，且技术效应值约为1，意味着其也处于经济转型升级的当口。就全国层面而言，技术进步自2008年开始呈逐年交叉下降上升变动趋势，在2011~2013年实现两连增，此后又呈现交叉下降上升变动趋势，与绿色全要素生产率波动态势完全一致。结合技术效应的总体波动态势，发现对于当前我国绿色全要素增长率的变化，技术进步的贡献在增加，正在逐步成为影响绿色全要素生产率变化的主导因素。绿色全要素生产率与技术进步值大多低于1，说明我国经济转型升级尚未完成，仍处于经济转型升级阵痛期，粗放型经济发展方式下的效率损失仍有待进一步修复。

此外，本书还对无效率值进行测算，以反映全国及各地区生产效率的现实状况与变化规律，并对无效率值按各投入、产出进行分解。研究发现：当前我国生产效率还存在很大的改进空间。从各投入无效率值看，当前我国劳动冗员严重，经济发展方式亟待转变，以改善劳动力区域分布结构；从各产出无效率看，当前我国环境治理任务依然严峻，要实现绿色经济与可持续发展，提高环境治理效率是重中之重。分地区看，东部沿海地区无效率值及其分解值均小于中西部地区，说明当前我国东部地区生产效率高于中西部地区；考虑到东部地区环境分权管理水平普遍低于中西部地区，意味着环境分权管理与无效率值在空间上呈现相同分布特征、与生产效率在空间上呈相反分布特征，即环境分权管理水平越高的地区，其无效率值越高、生产效率越低；北京、上海、江苏、广东等发达地区总体无效率值为零，各投入、产出无效率值也为零，说明我国环境治理也取得了一定成效，绿色经济与可持续发展和本地区经济发展水平息息相关。

第二，环境分权管理会通过抑制技术进步，进而抑制绿色经济与可持续发展，并且考虑空间溢出效应后，抑制作用依然显著存在。本书基于环境分权管理、技术创新和绿色经济与可持续发展的理论框架，以我国30个省级行政区（西藏和港澳台地区除外）为研究对象，考察环境分权管理对绿色经济与可持续发展的影响。研究发现：环境分权管理会抑制技术进步，进而抑制绿色经济与可持续发展；分部门看，环境行政部门分权管理、环境监察部门分权管理也均会抑制技术进步，进而抑制绿色经济与可持续发展，而环境监测部门由于环境事权有限，其分权管理影响效应不显著。考虑到可能存在的空间溢出效应，本书通过全局 Moran's I 指数，进行空间自相关检验。研究发现：环境分权管理、环境行政部门分权管理、环境监察部门分权管理均存在显著的空间自相关性。在此基础上，本书通过空间 Durbin 模型、空间误差模型进行空间计量分析，考察空间溢出效应对绿色经济与可持续发展的影响。

研究发现：环境分权管理存在正向空间溢出效应，即邻近省份的环境分权管理水平会促进本省技术进步，进而促进本省绿色经济与可持续发展；分部门看，环境行政部门分权管理，环境监察部门分权管理均存在正向空间溢出效应，即邻近省份的环境行政部门分权管理水平会促进本省绿色经济与可持续发展，环境监察部门分权管理水平会促进本省技术进步，进而促进本省绿色经济与可持续发展。此外，邻近省份的绿色经济与可持续发展会促进本省绿色经济与可持续发展、邻近省份的技术进步会促进本省技术进步，邻近省份的不可测因素会促进本省技术进步，进而促进本省绿色经济与可持续发展。

第三，环境分权管理会促进经济增长，并且考虑空间溢出效应后，促进作用依然显著存在。本书基于传统环境联邦主义理论，以"污染天堂假说"、增长极理论为基础，以我国 30 个省级行政区（西藏和港澳台地区除外）为研究对象，考察环境分权管理对经济增长的影响。研究发现：环境分权管理会促进经济增长；分部门看，环境行政部门分权管理、环境监察部门分权管理均会促进经济增长，而环境监测部门由于环境事权有限，其分权管理影响效应不显著。考虑到可能存在的空间溢出效应，本书通过全局 Moran's I 指数进行空间自相关检验。研究发现：经济增长与环境分权管理均存在显著的空间自相关性。在此基础上，本书通过空间 Durbin 模型、空间误差模型进行空间计量分析，考察空间溢出效应对经济增长的影响。研究发现：环境分权管理存在正向空间溢出效应，即邻近省份的环境分权管理水平会促进本省经济增长；分部门看，环境行政部门分权管理，环境监察部门分权管理均存在正向空间溢出效应，即邻近省份的环境行政部门分权管理水平、环境监察部门分权管理水平均会促进本省经济增长。此外，邻近省份的经济增长水平、不可测因素均也会促进本省经济增长，说明在市场机制作用下，地区间扩散效应占据主导地位，增加了我国区域协同发展的可能性。

第四，环境分权管理会通过降低企业环境信息披露质量，进而抑制企业创新产出。本书基于传统环境联邦主义理论，以"波特假说"为基础，以沪深 A 股上市公司为研究对象，考察环境分权管理对企业创新产出的影响。研究发现：环境分权管理会抑制企业创新产出；分部门看，环境行政部门分权管理、环境监察部门分权管理、环境监测部门分权管理均会抑制企业创新产出。考虑到可能存在的调节效应，本书通过构建企业特征变量与环境分权管理的交互项，考察企业产权性质、盈利能力的调节效应。研究发现：产权性质会削弱环境分权管理对企业创新产出的抑制效应，盈利能力会加重环境分权管理对企业创新产出的抑制效应；分部门看，产权性质会削弱环境行政部门分权管理、环境监察部门分权管理、环境监测部门分权管理对企业创新产出的抑制效应，盈利能力会加重环境行政部门分权管理、环境监察部门分权管理、环境监测部门分权管理对企业创新产出的抑制效应。此外，本书以环境信息披露质量衡量企业受到政府环境规制的实际影响，考察环境分权管理对企业创新产出影响的内生机制。研究发现：环境分权管理会降低企业环境信息披露质量，进而抑制企业创新产出；分部门看，环境行政部门分权管理、环境监察部门分权管理均会降低企业环境信息披露质量，进而抑制企业创新产出。

综上所述，在环境分权管理体系下，地方政府会放松本地区环境规制，尽管带来了数量型经济增长，但却会抑制技术创新，进而抑制绿色经济与可持续发展。

9.2 政策建议

第一，在"五位一体"总局布局指导下，将生态环境效率纳入地区绩效考核体系，并进一步贯彻落实新的绩效考核体系，加快经济发展方式转型升级，推进生态文明建设。长期以来，政府面临经济增长与环境保护的两难抉择：一方面，生态环境恶化是以牺牲环境为代价进行粗放型经济增长的结果；另一方面，生态环境保护与改善也要经济发展作为动力和支撑。然而，这并不意味着中国的经济发展和生态保护可以遵循发达国家"先污染，后治理"的路径，企业和地方政府应采取更为积极有效的措施，将环境思维从"事后补救"向"事前警惕"转换，尤其是经济发展水平不高、环境污染不严重的西部地区，应积极促进经济发展方式由粗放型向集约型转变，实现经济增长与环境保护的动态协调，努力实现绿色经济与可持续发展。

第二，规范地方政府行为，加强环境管理有效监管，构建政府为主导、企业为主体、社会组织和公众共同参与的环境管理体系。"逐底竞争"的根源在于地方政府拥有过大的自由裁量权，若缺乏有效监督，势必会降低环境管理效率。因此，必须加大生态系统保护力度，改革生态环境监管体制，完善地方政府治污激励机制，提高环境管理效率，引导地方政府合理竞争。其中，加快建设数字政府，深化"数智+政务"深度融合势在必行。在管理模式上：打破部门、层级壁垒，解决传统条块分割的管理模式，实现高层与基层间的联动。各级政府共同联手依托于一体化政务平台，实现"一体化治理""零差别处理"，提高政府治理效能，增强居民人居环境满意度。

第三，环境信息公开是解决环境问题的关键，应完善企业环境信息披露制度，逐步建立绿色信贷长效机制。随着绿色经济与可持续发展战略在我国的积极贯彻与实施，针对环境保护的相关法律法规日益增多，我国的产业结构也随之发生重大调整。许多高污染、高能耗的产业将逐渐被淘汰，"资源节约型、环境友好型"企业正蓬勃发展。环境信息已成为企业从事绿色可持续发展经营、绩效评估、投资决策中不可或缺的重要信息。完善环境信息披露制度、建立绿色信贷长效机制，能够有效提高环境信息披露质量，缓解企业与银行等投融资机构间存在的信息不对称问题，降低企业融资约束，进而在市场利润驱动下，利用充足的资金进行技术创新，改善企业环境绩效。

第四，根据地区特征不同，制定差异化战略。企业产权性质不同，受到来自政府的监管力度也不同，对于国有企业密集的地区，可以放缓环境管理体系的改革进程；企业盈利能力不同，进行创新的意愿也不同，对于高盈利能力企业密集的地区，应加快环境管理体系的改革进程。

9.3 研究展望

当前，环境分权管理对绿色经济与可持续发展的相关性问题依然是研究热点。本书基于中国实际国情，构建环境分权管理、技术创新和绿色经济与可持续发展的分析框架，从理论和实证两个方面考察了环境分权管理对绿色经济与可持续发展的影响效应和作用机制，但仍有可待完善之处，结合相关领域的发展动向，本书将在以下几方面继续展开研究：

第一，在构建环境分权管理对绿色经济与可持续发展影响的理论模型时，引入合理的环境分权管理对经济增长影响的理论模型。基于理论模型的复杂度较高，本书只构建环境分权管理、技术创新和绿色经济与可持续发展的分析框架，并未构建环境分权管理、技术创新和绿色经济与可持续发展的理论模型，仅通过进行政府间环境策略博弈分析，刻画环境分权管理体系下环境事权在政府间的分配关系，而对于环境分权管理对不同类型地方政府环境策略的影响，本书仅进行了定性分析。针对上述不足，本书将进一步构建环境分权管理对经济增长的理论模型，纳入环境分权管理、技术创新和绿色经济与可持续发展的分析框架，使得命题的推导和论证更为严谨，得出结论更为可靠。

第二，在绿色全要素生产率的测算方法上，基于中国存在较大的地区差异，使用更加有效的测度方法。非期望产出指标的选取应随中国环境实际情况和中央政府环境政策进行随时更新。而对于绿色全要素生产率测算模型的选取，学术界尚未达成共识，本书将进一步就测算方法进行更有价值的研究。

第三，将绿色经济与可持续发展的实证研究向微观层面推进。对于绿色经济与可持续发展的实证研究，由于企业环境信息披露制度的完善，尚无权威机构发布企业的环境管理数据，该数据的搜集与获取存在较大困难，使得大多数实证研究依旧停留在中宏观国家层面，阻碍了绿色经济与可持续发展的微观实证研究。此外，系统的环境分权管理水平数据更为匮乏，难以由省级扩展到地市级，甚至区县级，更加清楚、多层次地说明中国环境分权管理水平。随着微观的能源消耗、污染排放、环境监管等相关统计数据库的建立，针对微观领域的研究可为环境管理体系的完善提供更加可靠的经验数据支持。

参考文献

［1］Acs Z. J. , Audretsch D. B. Innovation in Large and Small Firms: An Empirical Analysis ［J］. American Economic Review, 1988, 78 (4): 678 - 690.

［2］Ambec S. , Barla P. A Theoretical Foundation of the Porter Hypothesis ［J］. Economics Letters, 2002, 75 (3): 355-360.

［3］Aiken D. V. , Fare R. , Grosskopf S. , et al. Pollution Abatement and Productivity Growth: Evidence from Germany, Japan, the Netherlands, and the United States ［J］. Environmental and Resource Economics, 2009, 44 (1): 11-28.

［4］Baumol W. J. , Oates W. E. The Theory of Environmental Policy ［J］. Cambridge Books, 1988, 27 (1): 127-128.

［5］Barbier E. B. Economics, Natural Resource Scarcity and Development ［M］. London: Earthcan, 1989.

［6］Barbera A. J. , Mcconnell V. D. The Impact of Environmental Regulations on Industry Productivity: Direct and Indirect Effects ［J］. Journal of Environmental Economics and Management, 1990, 18 (1): 50-65.

［7］Barro B. J. , Mankiew N. G. , Xavier X. Sala-i-Martin. Capital Mobility in Neoclassical Models of Growth ［J］. New Haven Connecticut Yale University

Economic Growth Center Mar, 1995 (85): 103-115.

[8] Berger A. N. , Humphrey D. B. Efficiency of Financial Institutions: International Survey and Directions for Future Research [J] . European Journal of Operational Research, 1997, 98 (2): 175-212.

[9] Brunnermeier S. B. , Cohen M. A. Determinants of Environmental Innovation in US Manufacturing Industries [J] . Journal of Environmental Economics and Management, 2003, 45 (2): 278-293.

[10] Bréchet T. , Meunier G. Are Clean Technology and Environmental Quality Conflicting Policy Goals? [J] . Resource and Energy Economics, 2014 (38): 61-83.

[11] Coase R. H. The Problem of Social Cost [J] . Journal of Law & Economics, 1960 (3): 1-44.

[12] Caves D. W. , Christensen L. R. , Diewert W. E. The Economic-Theory of Index Numbers and the Measurement of Input, Output, and Productivity [J] . Econometrica, 1982, 50 (6): 1393-1414.

[13] Charnes A. , Cooper W. W. , Golany B. , et al. Foundations of Data Envelopment Analysis for Pareto-Koopmans Efficient Empirical Production Functions [J] . Journal of Econometrics, 1985, 30 (85): 91-107.

[14] Chow G. C. Capital Formation and Economic Growth in China [J]. Quarterly Journal of Economics, 1993 (8): 243-266.

[15] Copeland B. R. , Taylor M. S. North-South Trade and the Environment [J] . Quarterly Journal of Economics, 1994, 109 (3): 755-787.

[16] Chung Y. H. , Färe R. , Grosskopf S. Productivity and Undesirable Outputs: A Directional Distance Function Approach [J] . Journal of Environmental Management, 1997, 51 (3): 229-240.

[17] Chintrakarn P. Environmental Regulation and U. S. States' Technical Inefficiency [J] . Economics Letters, 2008, 100 (3): 363-365.

[18] Calel R. Market-based Instruments and Technology Choices: A Synthesis [R]. GRI Working Papers, 2011.

[19] Farrell M. J. The Measurement of Productive Efficiency [J]. Journal of the Royal Statistical Society, 1957, 120 (3): 253-290.

[20] Färe R., Grosskopf S., Lindgren B., Roos P. Productivity Changes in Swedish Pharmacies 1980 - 1989: A Non - parametric Malmquist Approach [J]. Journal of Productivity Analysis, 1992, 3 (1): 81-97.

[21] Färe R., Grosskopf S., Pasurka C. A. Accounting for Air Pollution Emissions in Measures of State Manufacturing Productivity Growth [J]. Journal of Regional Science, 2001, 41 (3): 381-409.

[22] Fredriksson P. G., Millimet D. L. Strategic Interaction and the Determinants of Environmental Policy Across US States [J]. Journal of Urban Economics, 2002, 51 (1): 101-122.

[23] Fet A. M. Ecoefficiency Reporting Exemplified by Case Studies [J]. Clean Technologies & Environmental Policy, 2003, 5 (3): 232-239.

[24] Fukuyama H., Weber W. L. A Directional Slacks-based Measure of Technical Inefficiency [J]. Socio-Economic Planning Sciences, 2009, 43 (4): 274-287.

[25] Golany B., Roll Y. An Application Procedure for DEA [J]. Omega, 1989, 17 (3): 237-250.

[26] Gollop F. M., Roberts M. J. Environmental Regulations and Productivity Growth: The Case of Fossil-fueled Electric Power Generation [J]. Journal of Political Economy, 1983, 91 (4): 654-674.

[27] Hinterberger F., Bamberger K., Manstein C., et al. Eco-efficiency of Region: How to Improve Competitiveness and Create Jobs by Reducing Environmental Pressure [J]. Vienna, Sustainable Europe Research Institute (SERI), 2000.

[28] Jorgenson D., Wilcoxen P. Environmental Regulation and U. S. Economic

Growth [J] . The RAND Journal of Economics, 1990, 21 (2): 314-340.

[29] Jaffe A. B. , Palmer K. Environmental Regulation and Innovation: A Panel Data Study [J] . Review of Economics & Statistics, 1997, 79 (4): 610-619.

[30] Koopmans T. C. Analysis of Production as an Efficient Combination of Activities [J] . Analysis of Production and Allocation, 1951, 158 (1): 33-97.

[31] Kennedy C. Induced Bias in Innovation and the Theory of Distribution [J] . The Economic Journal, 1964, 74 (295): 541-547.

[32] Kneller R. , Manderson E. Environmental Regulations and Innovation Activity in UK Manufacturing Industries [J] . Resource and Energy Economics, 2012, 34 (2): 211-235.

[33] Lewis W. A. Economic Development with Unlimited Supplies of Labor [J] . Manchester School of Economic Social Studies, 1954, 22 (2): 139-191.

[34] Lucas R. E. On The Mechanics of Economic Development [J] . Journal of Monetary Economics, 1989, 22 (1): 3-42.

[35] Lamond D. , Ramanathan R. , Black A. , et al. Impact of Environmental Regulations on Innovation and Performance in the UK Industrial Sector [J] . Management Decision, 2010, 48 (10): 1493-1513.

[36] Lin L. Enforcement of Pollution Levies in China [J] . Journal of Public Economics, 2013, 98 (2): 32-43.

[37] Moran P. Notes on Continuous Stochastic Phenomena [J] . Biometrika, 1950 (37): 17-23.

[38] Malmquist S. Index Numbers and Indifference Surfaces [J] . Trabajos de Estadisticay de Investigacion Operativa, 1953, 4 (2): 209-242.

[39] Myrdal G. Economic Theory and Underdeveloped Regions [M]. London: Gerald Duckworth and Co. , 1957.

[40] Oates W. E. Fiscal and Regulatory Competition: Theory and Evidence

［J］. Perspektiven Der Wirtschaftspolitik，2003，3（4）：377-390.

［41］Pigou A. C. The Economics of Welfare ［M］. Transaction Publishers，1920.

［42］Perroux F. Note on the Concept of Growth Poles ［M］//McKee，D.，Dean R.，Leahy W.，Eds.，Regional Economics：Theory and Practice. New York：The Free Press，1970.

［43］Porter M. E. America's Green Strategy ［J］. Scientific American，1991，264（4）：1-5+68.

［44］Porter M. E.，Van der Linde C. Toward a New Conception of the Environment-Competitiveness Relationship ［J］. Journal of Economic Perspectives，1995，9（4）：97-118.

［45］Qian Y. Y.，Weingast B. R. Federalism as a Commitment to Perserving Market Incentives ［J］. Journal of Economic Perspectives，1997，11（4）：83-92.

［46］Rick V. D.，Cees W. P. Green Growth，Green Paradox and the Global Economic Crisis ［J］. Environmental Innovation and Societal Transitions，2013（6）：116-119.

［47］Spence M. Job Market Signaling ［J］. Quarterly Journal of Economics，1973，83（3）：335-374.

［48］Munasinghe M.，Shearer W. Defining and Measuring Sustainability：The Biogeophysical Foundations ［M］. Distributed for the United Nations University by the World Bank，1995.

［49］Stewart R. B. Pyramids of Sacrifice? Problems of Federalism in Mandating State Implementation of National Environmental Policy ［J］. Yale Law Journal，1997（86）：1196-1272.

［50］Simar L.，Wilson P. W. Estimating and Bootstrapping Malmquist Indices ［J］. European Journal of Operational Research，1999，115（3）：459-471.

[51] Slater J. , Angel I. T. The Impact and Implications of Environmentally Linked Strategies on Competitive Advantage: A Study of Malaysian Companies [J] . Journal of Business Research, 2000, 47 (1): 75-89.

[52] Schmutzler A. Environmental Regulations and Managerial Myopia [J] . Environmental and Resource Economics, 2001, 18 (1): 87-100.

[53] Scheel H. Undesirable Outputs in Efficiency Valuations [J] . European Journal of Operational Research, 2001, 132 (2): 400-410.

[54] Sturm A. , Muller K. , Upasena S. A Manual for the Perparers and Users of Eco-efficiency Indicators: Version 1. 1 [C] . United Nations Conference on Trade and Development, 2004.

[55] Stacy S. A Question of Balance: Weighing the Options on Global Warming Policies [J] . Global Environmental Politics, 2009, 9 (1): 146-147.

[56] Sueyoshi T. , Goto M. DEA Approach for Unified Efficiency Measurement: Assessment of Japanese Fossil fuel Power Generation [J] . Energy Economics, 2011, 33 (2): 292-303.

[57] Smulders S. , Maria C. D. The Cost of Environmental Policy Under Induced Technical Change [R] . Cesifo Working Paper, 2012.

[58] Tulkens H. , Eeckaut P. V. Non-parametric Efficiency, Progress and Regress Measures for Panel Data: Methodological Aspects [J] . European Journal of Operational Research, 1995, 80 (3): 474-499.

[59] Tanzi V. , Zee H. H. Fiscal Policy and Long-Run Growth [R] . IMF Working Papers, 1996, 44 (2): 179-209.

[60] Tyteca D. Linear Programming Models for the Measurement of Environmental Performance of Firms-Concepts and Empirical Results [J] . Journal of Productivity Analysis, 1997, 8 (2): 183-197.

[61] Tornell A. , Lane P. R. The Voracity Effect [J] . American Economic Review, 1999, 89 (1): 22-46.

[62] Tone K. A Slacks-based Measure of Efficiency in Data Envelopment Analysis [J]. European Journal of Operational Research, 2001, 130 (3): 498-509.

[63] Tone K. A Slacks-based Measure of Super-efficiency in Data Envelopment Analysis [J]. European Journal of Operational Research, 2002, 143 (1): 32-41.

[64] Tone K. Dealing with Undesirable Outputs in DEA: A Slacks-based Measure (SBM) Approach [R]. GRIPS Research Report Series, 2003.

[65] Tone K., Tsutsui M. Network DEA: A Slacks-based Measure Approach [J]. European Journal of Operational Research, 2009, 197 (1): 243-252.

[66] Ulph A. Harmonization and Optimal Environmental Policy in a Federal System with Asymmetric Information [J]. Journal of Environmental Economics and Management, 2000, 39 (2): 224-241.

[67] Woods N. D. Interstate Competition and Environmental Regulation: A Test of the Race-to-the-Bottom Thesis [J]. Social Science Quarterly, 2006, 87 (1): 174-189.

[68] Wagner M. On the Relationship Between Environmental Management, Environmental Innovation and Patenting Evidence from German Manufacturing Firms [J]. Research Policy, 2007 (10): 1587-1602.

[69] Xepapadeas A., Zeeuw A. D. Environmental Policy and Competitiveness: The Porter Hypothesis and the Composition of Capital [J]. Journal of Environmental Economics & Management, 1999, 37 (2): 165-182.

[70] Zheng J., Liu X, Bigsten A. Ownership Structure and Determinants of Technical Efficiency: An Application of Data Envelopment Analysis to Chinese Enterprises (1986 - 1990) [J]. Journal of Comparative Economics, 1998, 26 (3): 465-484.

［71］Zhou P., Ang B. W., Poh K. L. Slacks-based Efficiency Measures for Modeling Environmental Performance ［J］. Ecological Economics, 2006, 60 (1)：111-118.

［72］Zhang N., Zhou P., Kung C. C. Total-factor Carbon Emission Performance of the Chinese Transportation Industry：A Bootstrapped Non-radial Malmquist Index Analysis ［J］. Renewable and Sustainable Energy Reviews, 2015 (41)：584-593.

［73］白俊红，聂亮．环境分权是否真的加剧了雾霾污染？［J］．中国人口·资源与环境，2017，27（12）：59-69.

［74］陈东景，李培英，杜军，刘乐军，徐兴永．基于生态足迹和人文发展指数的可持续发展评价——以我国海洋渔业资源利用为例 ［J］．中国软科学，2006（5）：96-103.

［75］程建林，艾春玲．技术创新与可持续发展的互动作用机制分析 ［J］．科技管理研究，2008（5）：20-22.

［76］曹玉书，尤卓雅．资源约束、能源替代与可持续发展——基于经济增长理论的国外研究综述 ［J］．浙江大学学报（人文社会科学版），2010，40（4）：5-13.

［77］陈诗一．中国的绿色工业革命：基于环境全要素生产率视角的解释（1980—2008）［J］．经济研究，2010，45（11）：21-34+58.

［78］陈新玲．可持续发展视野下煤炭企业税收法律制度的改革与完善——以山西煤炭产业为例 ［J］．经济问题，2013（10）：71-74.

［79］成刚．数据包络分析方法与 MaxDEA 软件 ［M］．北京：知识产权出版社，2014.

［80］陈钦源，马黎珺，伊志宏．分析师跟踪与企业创新绩效——中国的逻辑 ［J］．南开管理评论，2017，20（3）：15-27.

［81］陈玉龙，钟章奇，吴乐英，赵金彩．中国可再生能源消费、对外贸易和碳排放的关系 ［J］．软科学，2017，31（9）：49-52.

［82］陈伟，乔治，黄小芬，胡韫频．生态文明建设视角下国家可持续发展实验区资源配置评价［J］．科技进步与对策，2017，34（9）：77-80.

［83］陈林，万攀兵，许莹盈．混合所有制企业的股权结构与创新行为——基于自然实验与断点回归的实证检验［J］．管理世界，2019，35（10）：186-205.

［84］陈玉洁，仲伟周．环境规制对创新产出的影响——基于区域吸收能力视角的分析［J］．城市问题，2019（11）：69-78.

［85］董敏杰，李钢，梁泳梅．中国工业环境全要素生产率的来源分解——基于要素投入与污染治理的分析［J］．数量经济技术经济研究，2012，29（2）：3-20.

［86］杜娟．可持续发展视角的生态化技术创新研究［J］．山东社会科学，2013（5）：172-175.

［87］杜威剑，李梦洁．环境规制对企业产品创新的非线性影响［J］．科学学研究，2016，34（3）：462-470.

［88］方时姣．论绿色企业的制度创新［J］．中南财经政法大学学报，2003（1）：62-66+143.

［89］郭晓鸣，宋相涛．以制度创新促进农民合作组织可持续发展——"《农民专业合作社法》颁布后中国农民合作组织发展新动向"国际研讨会综述［J］．中国农村经济，2008（11）：74-78.

［90］国涓，刘丰，王维国．中国区域环境绩效动态差异及影响因素——考虑可变规模报酬和技术异质性的研究［J］．资源科学，2013，35（12）：2444-2456.

［91］高明，陈巧辉．不同类型环境规制对产业升级的影响［J］．工业技术经济，2019，38（1）：91-99.

［92］［美］赫希曼．经济发展战略［M］．曹征海，潘照东，译．北京：经济科学出版社，1991.

［93］贺菊煌．我国资产的估算［J］．数量经济技术经济研究，1992

（8）：24-27.

[94] 黄学超，史安娜，石莎莎，刘峰．基于区域可持续发展的沂沭河流域水资源优化配置 [J]．统计与决策，2008（21）：115-117.

[95] 黄菁，陈霜华．环境污染治理与经济增长：模型与中国的经验研究 [J]．南开经济研究，2011（1）：142-152.

[96] 胡亦琴．农地流转制度创新与中国农业可持续发展 [J]．学术月刊，2011，43（9）：70-73.

[97] 黄清煌，高明，吴玉．环境规制工具对中国经济增长的影响——基于环境分权的门槛效应分析 [J]．北京理工大学学报（社会科学版），2017，19（3）：33-42.

[98] 何爱平，安梦天．地方政府竞争、环境规制与绿色发展效率 [J]．中国人口·资源与环境，2019，29（3）：21-30.

[99] 蒋尊玉．以可持续发展为主导合理配置开发国土资源 [J]．管理世界，1998（5）：197-204.

[100] 蒋满元，唐玉斌．可持续发展与自然资源开发利用的制度创新 [J]．郑州大学学报（哲学社会科学版），2005（5）：88-91.

[101] 蒋伏心，王竹君，白俊红．环境规制对技术创新影响的双重效应——基于江苏制造业动态面板数据的实证研究 [J]．中国工业经济，2013（7）：44-55.

[102] 孔祥利，毛毅．我国环境规制与经济增长关系的区域差异分析——基于东、中、西部面板数据的实证研究 [J]．南京师范大学学报（社会科学版），2010（1）：56-60+74.

[103] 李勇坚．内生增长理论的最新进展 [J]．经济学动态，2002（10）：70-74.

[104] 林伯强．结构变化、效率改进与能源需求预测——以中国电力行业为例 [J]．经济研究，2003（5）：57-65+93.

[105] 蓝虹．产权制度创新、技术创新与可持续发展 [J]．北京师范大

学学报（社会科学版），2004（1）：131-135.

[106] 路斗恒. 依靠技术和管理创新实现企业可持续发展 [J]. 经济问题，2006（11）：43-46.

[107] 罗慧，万迪昉，戴建华，刘国彬，王辉民. 可持续发展环境约束条件下的水资源最优配置及实证研究 [J]. 中国人口·资源与环境，2007（3）：134-139.

[108] 李高，温宗国，杜斌. 面向可持续发展的技术创新：从技术预见到战略选择 [J]. 中国人口·资源与环境，2008（1）：18-22.

[109] 陆旸. 环境规制影响了污染密集型商品的贸易比较优势吗？[J]. 经济研究，2009，44（4）：28-40.

[110] 李伯涛，马海涛，龙军. 环境联邦主义理论述评 [J]. 财贸经济，2009（10）：131-135.

[111] 李强，聂锐. 环境规制与区域技术创新——基于中国省际面板数据的实证分析 [J]. 中南财经政法大学学报，2009（4）：18-23+143.

[112] 李雪梅. 基于多中心理论的环境治理模式研究 [D]. 大连理工大学，2010.

[113] 刘岩，于渤，洪富艳. 基于可持续发展的可再生能源替代动态增长模型研究 [J]. 中国软科学，2011（S1）：240-246.

[114] 李玲. 中国工业绿色全要素生产率及影响因素研究 [D]. 暨南大学，2012.

[115] 李萱，沈晓悦，夏光. 中国环保行政体制结构初探 [J]. 中国人口·资源与环境，2012，22（1）：84-89.

[116] 李毅. 组织创新为什么不可忽视：对日本制造业组织结构变迁的一种演化经济学解释 [J]. 经济研究参考，2012（5）：77-92.

[117] 刘瑞翔，安同良. 资源环境约束下中国经济增长绩效变化趋势与因素分析——基于一种新型生产率指数构建与分解方法的研究 [J]. 经济研究，2012，47（11）：34-47.

［118］刘金林，冉茂盛．环境规制对行业生产技术进步的影响研究
［J］．科研管理，2015，36（2）：107-114.

［119］陆远权，张德钢．环境分权、市场分割与碳排放［J］．中国人
口·资源与环境，2016，26（6）：107-115.

［120］李强．环境分权与企业全要素生产率——基于我国制造业微观数
据的分析［J］．财经研究，2017，43（3）：133-145.

［121］刘伟，童健，薛景．行业异质性、环境规制与工业技术创新
［J］．科研管理，2017，38（5）：1-11.

［122］刘亮，蒋伏心．环境分权是否促进地方政府科技投入？［J］．科
技管理研究，2017，37（16）：61-67.

［123］李强．河长制视域下环境分权的减排效应研究［J］．产业经济研
究，2018（3）：53-63.

［124］李政大．制度创新对可持续发展的贡献：基于内生增长模型
［J］．华东经济管理，2018，32（5）：84-90.

［125］李强，左静娴，王琰．环境分权对全要素能源效率的影响——基
于空间杜宾模型的分析［J］．地域研究与开发，2019，38（1）：123-127.

［126］李国祥，张伟．环境分权、环境规制与工业污染治理效率［J］．
当代经济科学，2019，41（3）：26-38.

［127］陆凤芝，杨浩昌．环境分权、地方政府竞争与中国生态环境污染
［J］．产业经济研究，2019（4）：113-126.

［128］刘莎，刘明．绿色金融、经济增长与环境变化——西北地区环境
指数实现"巴黎承诺"有无可能？［J］．当代经济科学，2019（6）：1-15.

［129］刘华军，曲惠敏．黄河流域绿色全要素生产率增长的空间格局及
动态演进［J］．中国人口科学，2019（6）：59-70+127.

［130］李国祥，张伟．环境分权之于外商直接投资区位选择的影响
［J］．现代财经（天津财经大学学报），2019，39（8）：36-50.

［131］李光龙，周云蕾．环境分权、地方政府竞争与绿色发展［J］．财

政研究，2019（10）：73-86.

［132］凌鸿程，孙怡龙．社会信任提高了企业创新能力吗？［J］．科学学研究，2019，37（10）：1912-1920.

［133］马述忠，刘梦恒．中国在"一带一路"沿线国家 OFDI 的第三国效应研究：基于空间计量方法［J］．国际贸易问题，2016（7）：72-83.

［134］马卫，曹小曙，李涛，高兴川．开放度水平提升是否促进了区域经济增长？——基于"一带一路"沿线国家面板数据的实证分析［J］．经济经纬，2019（6）：1-11.

［135］梅春，赵晓菊，颜海明，程飞．行业锦标赛激励与企业创新产出［J］．外国经济与管理，2019，41（7）：25-41.

［136］聂巧．技术创新和技术转移对区域可持续发展的动态影响分析——以北京市为例［J］．科技管理研究，2015，35（8）：71-76.

［137］倪娟，孔令文．环境信息披露、银行信贷决策与债务融资成本——来自我国沪深两市 A 股污染行业上市公司的经验证据［J］．经济评论，2016（1）：147-156+160.

［138］潘峰，西宝，王琳．中国式分权下的地方政府环境规制均衡模型［J］．财经论丛，2015（3）：105-113.

［139］彭星．环境分权有利于中国工业绿色转型吗？——产业结构升级视角下的动态空间效应检验［J］．产业经济研究，2016（2）：21-31+110.

［140］彭聪，袁鹏．环境规制强度与中国省域经济增长——基于环境规制强度的再构造［J］．云南财经大学学报，2018，34（10）：37-51.

［141］祁毓，卢洪友，徐彦坤．中国环境分权体制改革研究：制度变迁、数量测算与效应评估［J］．中国工业经济，2014（1）：31-43.

［142］孙曰瑶，杨友孝．我国农业与农村可持续发展的制度创新［J］．中国人口·资源与环境，2005（5）：92-96.

［143］单豪杰．中国资本存量 K 的再估算：1952~2006 年［J］．数量经济技术经济研究，2008，25（10）：17-31.

［144］孙育红，张志勇．生态技术创新与传统技术创新的比较分析——基于可持续发展视角［J］．税务与经济，2012（4）：1-4.

［145］沈能，刘凤朝．高强度的环境规制真能促进技术创新吗？——基于"波特假说"的再检验［J］．中国软科学，2012（4）：49-59.

［146］沙姆沙德·阿赫塔尔．亚太可持续发展的技术与创新［J］．中国流通经济，2014，28（6）：4-6.

［147］沈坤荣，金刚，方娴．环境规制引起了污染就近转移吗？［J］．经济研究，2017，52（5）：44-59.

［148］史贝贝，冯晨，张妍，杨菲．环境规制红利的边际递增效应［J］．中国工业经济，2017（12）：40-58.

［149］孙英杰，林春．试论环境规制与中国经济增长质量提升——基于环境库兹涅茨倒U型曲线［J］．上海经济研究，2018（3）：84-94.

［150］申晨．环境规制下中国工业绿色转型问题研究［M］．北京：经济科学出版社，2019.

［151］苏昕，周升师．双重环境规制、政府补助对企业创新产出的影响及调节［J］．中国人口·资源与环境，2019，29（3）：31-39.

［152］单飞，郑义汀．中国国债对经济增长的非对称影响效应研究［J］．财经问题研究，2019（3）：83-89.

［153］孙开，王冰．环境保护支出责任划分、转移支付与环境治理［J］．税务与经济，2019（4）：20-28.

［154］宋英杰，刘俊现．条块并存的环境分权对环保技术扩散的影响［J］．中国人口·资源与环境，2019，29（5）：108-117.

［155］孙昊，胥莉．相互溢出效应对区域经济协同发展的贡献——基于我国东部沿海地区面板数据的实证分析［J］．数理统计与管理，2019（5）：1-14.

［156］宋妍，陈赛，张明．地方政府异质性与区域环境合作治理——基于中国式分权的演化博弈分析［J］．中国管理科学，2020，28（1）：

201-211.

［157］涂正革，肖耿．环境约束下的中国工业增长模式研究［J］．世界经济，2009，32（11）：41-54．

［158］铁燕．中国环境管理体制改革研究［D］．武汉大学，2010．

［159］涂正革，谌仁俊．传统方法测度的环境技术效率低估了环境治理效率？——来自基于网络 DEA 的方向性环境距离函数方法分析中国工业省级面板数据的证据［J］．经济评论，2013（5）：89-99．

［160］涂红星，肖序．环境管制对自主创新影响的实证研究——基于负二项分布模型［J］．管理评论，2014，26（1）：57-65．

［161］唐勇军，李鹏．董事会特征、环境规制与制造业企业绿色发展——基于 2012-2016 年制造业企业面板数据的实证分析［J］．经济经纬，2019，36（3）：73-80．

［162］陶静，胡雪萍．环境规制对中国经济增长质量的影响研究［J］．中国人口·资源与环境，2019，29（6）：85-96．

［163］田红宇，祝志勇，胡晓清．财政分权、地方政府竞争与区域科技创新效率［J］．中国科技论坛，2019（11）：103-112．

［164］王小鲁，樊纲等．中国经济增长的可持续性［M］．北京：经济科学出版社，2000．

［165］温忠麟，张雷，侯杰泰，刘红云．中介效应检验程序及其应用［J］．心理学报，2004（5）：614-620．

［166］魏杰．没有产权制度的变革就没有企业的可持续发展［J］．中国特色社会主义研究，2005（1）：49-51．

［167］王建明．环境信息披露、行业差异和外部制度压力相关性研究——来自我国沪市上市公司环境信息披露的经验证据［J］．会计研究，2008（6）：54-62+95．

［168］王兵，吴延瑞，颜鹏飞．中国区域环境效率与环境全要素生产率增长［J］．经济研究，2010，45（5）：95-109．

［169］王兵，王丽．环境约束下中国区域工业技术效率与生产率及其影响因素实证研究［J］．南方经济，2010（11）：3-19.

［170］王杰，刘斌．环境规制与企业全要素生产率——基于中国工业企业数据的经验分析［J］．中国工业经济，2014（3）：44-56.

［171］王兵，罗佑军．中国区域工业生产效率、环境治理效率与综合效率实证研究——基于 RAM 网络 DEA 模型的分析［J］．世界经济文汇，2015（1）：99-119.

［172］武剑锋，叶陈刚，刘猛．环境绩效、政治关联与环境信息披露——来自沪市 A 股重污染行业的经验证据［J］．山西财经大学学报，2015，37（7）：99-110.

［173］王丽霞，陈新国，姚西龙．环境规制政策对工业企业绿色发展绩效影响的门限效应研究［J］．经济问题，2018（1）：78-81.

［174］王军，李萍．绿色税收政策对经济增长的数量与质量效应——兼议中国税收制度改革的方向［J］．中国人口·资源与环境，2018，28（5）：17-26.

［175］温亚昌，赵果庆．中国经济增长与通货膨胀、货币供应量关系研究［J］．经济问题探索，2018（7）：36-45.

［176］伍格致，游达明．环境规制对技术创新与绿色全要素生产率的影响机制：基于财政分权的调节作用［J］．管理工程学报，2019，33（1）：37-50.

［177］王林辉，王辉，董直庆．经济增长和环境质量相容性政策条件——环境技术进步方向视角下的政策偏向效应检验［J］．管理世界，2020，36（3）：39-60.

［178］许宪春．中国国内生产总值核算［J］．经济学（季刊），2002（4）：23-36.

［179］肖宏．环境规制约束下污染密集型企业越界迁移及其治理［D］．复旦大学，2008.

［180］肖文，唐兆希．能源约束、技术进步与可持续发展——一个基于中间产品质量进步的分析框架［J］．经济理论与经济管理，2011（1）：87-94.

［181］熊艳．基于省际数据的环境规制与经济增长关系［J］．中国人口·资源与环境，2011，21（5）：126-131.

［182］许平．新兴技术产品的可持续发展创新研究［J］．科技管理研究，2014，34（9）：6-10.

［183］薛婧，张梅青，王静宇．中国式财政分权与区域创新能力——基于 R&D 边际创新产出及要素市场扭曲的解释框架［J］．经济问题探索，2018（11）：152-160.

［184］叶民强，吴承业．区域可持续发展的技术创新与制度创新机制研究［J］．数量经济技术经济研究，2001（3）：33-36.

［185］颜鹏飞，黄树人．经济增长极和湖北经济跨越式发展［J］．武汉大学学报（社会科学版），2002（2）：168-175.

［186］袁晓玲，张宝山，杨万平．基于环境污染的中国全要素能源效率研究［J］．中国工业经济，2009（2）：76-86.

［187］杨俊，邵汉华．环境约束下的中国工业增长状况研究——基于 Malmquist-Luenberger 指数的实证分析［J］．数量经济技术经济研究，2009，26（9）：64-78.

［188］杨宏林，王一金．能源替代、环境污染与经济增长［J］．系统工程，2016，34（3）：74-79.

［189］游广永，邹长新，刘冬，林乃峰，徐德琳，吴丹，徐梦佳，沈渭寿．中国石墨资源的保护利用与可持续发展建议［J］．中国人口·资源与环境，2016，26（S1）：421-423.

［190］于骥，岳洪竹．国有垄断企业技术创新研究［M］．成都：四川大学出版社，2018.

［191］余泳泽，杨晓章，张少辉．中国经济由高速增长向高质量发展的

时空转换特征研究［J］. 数量经济技术经济研究，2019，36（6）：3-21.

［192］张军，章元. 对中国资本存量 K 的再估计［J］. 经济研究，2003
（7）：35-43+90.

［193］张军，吴桂英，张吉鹏. 中国省际物质资本存量估算：1952—
2000［J］. 经济研究，2004（10）：35-44.

［194］张友国，郑玉歆. 中国排污收费征收标准改革的一般均衡分析
［J］. 数量经济技术经济研究，2005（5）：3-16.

［195］张建民，任玲. 以劳动价值论指导家族企业的分配制度改革——
兼论按要素分配是家族企业实现可持续发展的基础［J］. 湖北大学学报（哲
学社会科学版），2009，36（1）：78-81.

［196］章泉. 环境规制和经济增长：财政体制变迁及工具选择［D］.
中国人民大学，2009.

［197］张嫚. 环境规制约束下的企业行为——循环经济发展模式的微观
实施机制［M］. 北京：经济科学出版社，2010.

［198］张文彬，张理芃，张可云. 中国环境规制强度省际竞争形态及其
演变——基于两区制空间 Durbin 固定效应模型的分析［J］. 管理世界，2010
（12）：34-44.

［199］朱平芳，张征宇，姜国麟. FDI 与环境规制：基于地方分权视角
的实证研究［J］. 经济研究，2011，46（6）：133-145.

［200］周长富. 环境规制对我国制造业国际竞争力的影响研究［D］.
南京大学，2012.

［201］张江雪，朱磊. 基于绿色增长的我国各地区工业企业技术创新效
率研究［J］. 数量经济技术经济研究，2012，29（2）：113-125.

［202］周五七，聂鸣. 中国工业碳排放效率的区域差异研究——基于非
参数前沿的实证分析［J］. 数量经济技术经济研究，2012，29（9）：58-70+
161.

［203］赵霄伟. 分权体制背景下地方政府环境规制与地区经济增长：理

论、证据与政策［M］．北京：经济管理出版社，2014．

［204］周五七．绿色生产率增长的非参数测度方法：演化和进展［J］．技术经济，2015，34（9）：48-54．

［205］张秀敏，杨连星．环境信息披露的评价与监管研究——基于中国上市企业经验数据分析及相关政策建议［M］．北京：科学出版社，2016．

［206］周长富，王竹君．环境规制下中国制造业转型升级的机制与路径［M］．南京：南京大学出版社，2016．

［207］张华，丰超，刘贯春．中国式环境联邦主义：环境分权对碳排放的影响研究［J］．财经研究，2017，43（9）：33-49．

［208］周晶淼．环境规制对绿色增长的影响机理研究［D］．大连理工大学，2018．

［209］赵红．环境规制对产业绩效影响——对国外三种观点的理论综述［J］．生态经济（学术版），2008（1）：270-272．

［210］赵传松，任建兰，陈延斌，刘凯．中国科技创新与可持续发展耦合协调及时空分异研究［J］．地理科学，2018，38（2）：214-222．

［211］张彩云，陈岑．地方政府竞争对环境规制影响的动态研究——基于中国式分权视角［J］．南开经济研究，2018（4）：137-157．

［212］张峰，薛惠锋，史志伟．资源禀赋、环境规制会促进制造业绿色发展？［J］．科学决策，2018（5）：60-78．

［213］祝恩元，李俊莉，刘兆德，李姗鸿．山东省科技创新与可持续发展耦合度空间差异分析［J］．地域研究与开发，2018，37（6）：23-28．

［214］张治栋，秦淑悦．环境规制、产业结构调整对绿色发展的空间效应——基于长江经济带城市的实证研究［J］．现代经济探讨，2018（11）：79-86．

［215］赵璨，曹伟，叶子菱．客户关系、市场势力与企业创新产出［J］．广东财经大学学报，2019，34（5）：22-37+49．

［216］邹璇，雷璨，胡春．环境分权与区域绿色发展［J］．中国人口·

资源与环境，2019，29（6）：97-106.

[217] 周国富，张春红．区域创新能力与全要素生产率的空间计量研究 [J]．华东经济管理，2019，33（6）：61-68.

[218] 邹洋，吴楚石，刘浩文，束燕燕．营改增、企业研发投入与企业 创新产出——基于科技服务业上市公司的实证研究 [J]．税务研究，2019 （7）：83-88.

[219] 朱文涛，吕成锐，顾乃华．OFDI、逆向技术溢出对绿色全要素生 产率的影响研究 [J]．中国人口·资源与环境，2019，29（9）：63-73.

[220] 张栋浩，樊此君．环境规制如何影响外企规模——基于港澳台企 业和非港澳台企业的异质性分析 [J]．国际经贸探索，2019，35（10）： 53-70.

[221] 郑婷婷，付伟，陈静．信息化发展水平、资源依赖与绿色全要素 生产率——来自地级市面板数据的分析 [J]．科技进步与对策，2019，36 （23）：44-52.

附　录

附表 1　2007～2015 年资本存量测算结果　　　　单位：亿元

省份	2007 年	2008 年	2009 年	2010 年	2011 年
北京	18255.83	19748.77	21833.13	24432.69	27019.56
天津	10385.61	12684.89	16066.68	20230.80	25007.58
河北	26014.70	30841.21	36357.97	42234.36	49461.09
山西	10850.63	12834.38	15805.13	19264.67	23132.07
内蒙古	13444.56	17156.21	22259.61	27798.05	33852.10
辽宁	21814.69	28585.77	33885.92	40277.13	47449.71
吉林	11793.18	15734.47	19907.96	24713.25	29264.27
黑龙江	12147.87	14177.23	17327.17	20272.93	23548.41
上海	23544.34	26000.65	29326.83	32003.08	34393.46
江苏	48848.94	56632.10	66405.98	77502.32	89382.77
浙江	35396.25	40110.01	45407.62	51393.69	57411.54
安徽	13507.83	15957.04	18807.63	22233.08	26156.22
福建	17072.07	20500.51	24469.63	28650.51	33485.66
江西	10942.26	12651.29	15120.38	17735.62	20602.83
山东	49633.01	57353.45	68095.19	79911.56	92229.30
河南	27589.60	34156.08	42801.35	52576.07	62957.37
湖北	18714.59	21582.37	25348.00	29831.33	35307.34
湖南	15990.36	19234.39	23222.34	28210.69	33720.74

续表

省份	2007 年	2008 年	2009 年	2010 年	2011 年
广东	42520.93	48388.34	56469.19	65857.37	75707.92
广西	10128.98	12324.20	16218.94	21606.66	27685.82
海南	2378.55	2773.37	3280.42	3935.65	4685.38
重庆	10575.39	12703.10	14689.54	17068.15	19937.14
四川	20356.18	23985.85	28120.98	32917.22	38294.96
贵州	6200.10	7075.31	8174.27	9516.74	11136.19
云南	10449.25	11746.76	13790.60	17105.26	21141.20
陕西	12523.34	15331.04	18506.95	22571.92	26977.12
甘肃	4983.38	6064.88	7055.04	8229.02	9620.55
青海	2231.21	2515.79	2951.74	3544.10	4269.24
宁夏	2543.39	3053.90	3806.38	4700.74	5539.66
新疆	9131.29	10139.24	11303.55	12907.71	14735.37

省份	2012 年	2013 年	2014 年	2015 年
北京	30196.27	33523.04	36802.46	40071.84
天津	30340.71	36110.39	41983.94	46497.75
河北	57070.29	64793.95	72420.49	79721.20
山西	26838.13	30942.18	34728.59	38236.05
内蒙古	40849.93	49060.30	54879.51	60623.10
辽宁	55064.13	63063.70	70614.91	73449.45
吉林	34049.88	38759.90	43475.09	48451.20
黑龙江	27433.32	31983.41	36148.38	40249.59
上海	36741.99	39347.05	41985.28	45420.21
江苏	101848.62	113929.06	125338.35	137429.79
浙江	63532.11	70283.83	76943.48	84307.98
安徽	30487.90	35206.93	40198.25	45253.10
福建	38829.27	44813.52	51289.33	58232.79
江西	23533.33	26510.89	29242.31	32561.91
山东	105209.17	118770.92	132825.14	147364.87
河南	74462.32	87029.62	100161.51	113345.59
湖北	41218.88	47755.25	54857.48	62313.80
湖南	39696.85	46155.67	52976.91	58964.78

续表

省份	2012 年	2013 年	2014 年	2015 年
广东	86478.68	98336.38	111047.45	123727.84
广西	33741.70	38422.20	43084.68	48032.71
海南	5715.97	6872.63	8142.79	9108.03
重庆	22856.51	25885.10	29236.03	32898.26
四川	44164.24	50168.74	56212.81	62202.04
贵州	13304.82	16092.48	19171.81	22810.19
云南	25763.51	30980.15	36920.62	43298.13
陕西	31961.81	37112.33	42403.18	47133.73
甘肃	11182.99	12997.33	14999.16	17114.46
青海	5308.83	6621.59	8189.28	9904.42
宁夏	6520.05	7603.14	9166.11	11054.51
新疆	17589.27	21297.73	25681.85	30077.38

资料来源：根据历年《中国统计年鉴》计算得到。

附表 2　电力消费量测度的绿色全要素生产率

地区	省份	2008 年	2009 年	2010 年	2011 年	2012 年	2013 年	2014 年	2015 年
东部地区	北京	1.030	0.988	1.020	0.849	1.006	1.014	1.014	1.031
	天津	1.005	0.652	0.814	0.765	0.962	0.969	0.968	0.980
	河北	1.051	0.888	0.988	0.903	0.910	0.911	0.900	0.881
	山东	1.144	0.992	1.001	0.568	0.985	1.003	0.975	0.909
	上海	0.999	0.991	1.003	1.002	0.957	0.996	0.989	0.998
	江苏	1.087	0.998	1.010	0.956	1.000	1.003	1.001	1.000
	浙江	1.233	1.023	1.241	0.712	0.903	0.906	0.887	0.981
	福建	0.884	0.905	0.921	0.815	0.921	0.910	0.923	0.936
	广东	1.002	0.982	0.995	0.986	0.987	0.991	0.991	0.993
	海南	0.988	0.956	0.915	0.350	0.934	0.952	0.901	0.980
	黑龙江	0.835	0.695	1.027	0.943	1.020	0.977	0.958	0.972
	吉林	0.971	0.939	0.977	0.905	1.021	0.913	0.968	0.956
	辽宁	1.012	0.872	1.030	0.940	0.979	0.944	0.944	0.960
	均值	1.018	0.914	0.996	0.823	0.968	0.961	0.955	0.968

地区	省份	2008 年	2009 年	2010 年	2011 年	2012 年	2013 年	2014 年	2015 年
中部地区	安徽	0.954	0.925	1.011	0.910	0.952	0.927	0.936	0.926
	湖北	0.952	0.902	0.931	0.935	0.954	0.927	0.949	0.936
	湖南	0.874	0.771	0.955	0.944	0.939	0.969	0.944	0.934
	江西	1.005	0.676	1.007	0.923	1.009	1.000	0.997	0.995
	山西	0.983	0.854	1.020	0.974	0.998	0.989	0.995	1.012
	河南	0.982	0.824	1.030	0.793	0.921	0.918	0.933	0.905
	均值	0.958	0.825	0.992	0.913	0.962	0.955	0.959	0.951
西部地区	内蒙古	1.067	0.995	0.896	0.826	0.898	0.889	0.916	0.948
	陕西	1.036	1.039	1.010	0.907	0.943	0.934	0.991	0.938
	广西	0.891	0.928	1.036	0.961	0.943	0.925	0.934	0.949
	贵州	1.029	0.962	1.015	0.895	0.986	0.985	0.986	1.002
	四川	1.051	0.876	0.973	0.895	0.942	0.957	0.930	0.914
	云南	1.004	1.010	1.007	0.872	0.983	1.003	0.926	0.964
	重庆	1.047	0.994	0.994	0.917	0.997	0.981	0.991	0.999
	甘肃	0.951	0.917	1.009	0.631	0.650	1.028	1.025	0.994
	青海	0.976	0.904	0.900	0.811	0.921	0.902	0.948	1.011
	新疆	0.989	0.965	0.994	0.884	0.910	0.915	0.964	0.953
	宁夏	1.504	0.654	0.776	0.788	0.780	0.772	0.769	0.761
	均值	1.050	0.931	0.964	0.853	0.905	0.936	0.943	0.948
总平均值		1.018	0.903	0.984	0.852	0.944	0.950	0.952	0.957

资料来源：通过 MaxDEA 8 软件计算得到。

附表 3   电力消费量测度的技术效应

地区	省份	2008 年	2009 年	2010 年	2011 年	2012 年	2013 年	2014 年	2015 年
东部地区	北京	1.000	1.000	1.000	1.000	1.000	1.000	1.000	1.000
	天津	1.294	0.694	0.838	1.163	0.983	0.981	0.982	0.978
	河北	1.118	0.950	0.977	0.967	0.957	0.927	0.936	0.910
	山东	1.000	1.000	1.000	0.658	0.997	1.004	0.984	0.932
	上海	1.000	1.000	1.000	1.000	1.000	1.000	1.000	1.000
	江苏	1.000	1.000	1.000	1.000	1.000	1.000	1.000	1.000

续表

地区	省份	2008年	2009年	2010年	2011年	2012年	2013年	2014年	2015年
东部地区	浙江	1.048	1.048	1.174	0.840	0.991	0.980	0.981	0.985
	福建	0.953	0.971	0.977	0.901	0.987	0.949	0.964	0.972
	广东	1.000	1.000	1.000	1.000	1.000	1.000	1.000	1.000
	海南	1.000	1.000	1.000	1.000	1.000	1.000	1.000	1.000
	黑龙江	0.883	1.011	1.015	0.983	1.026	0.980	0.974	0.994
	吉林	0.962	0.957	0.972	0.993	1.038	0.941	0.988	0.968
	辽宁	1.002	0.971	1.031	0.971	1.013	0.942	0.975	0.981
	均值	1.020	0.969	0.999	0.960	0.999	0.977	0.983	0.978
中部地区	安徽	0.984	1.012	1.007	0.971	0.986	0.938	0.972	0.968
	湖北	0.967	0.971	0.970	0.973	0.988	0.920	0.988	0.962
	湖南	0.924	0.921	0.989	0.967	0.982	0.969	0.986	0.965
	江西	1.024	1.008	0.997	1.013	0.964	0.971	0.985	0.981
	山西	1.045	0.993	1.010	1.038	0.998	0.981	1.000	1.012
	河南	0.973	0.931	1.090	0.897	0.973	0.937	0.968	0.935
	均值	0.986	0.973	1.010	0.976	0.982	0.953	0.983	0.971
西部地区	内蒙古	1.064	1.026	0.920	0.922	0.955	0.924	0.953	0.981
	陕西	1.022	1.042	1.009	0.993	0.979	0.956	1.033	0.970
	广西	0.916	1.031	1.030	1.029	0.983	0.961	0.978	0.985
	贵州	1.137	0.914	1.011	1.109	0.998	1.001	1.005	0.988
	四川	1.076	0.944	0.972	0.915	0.985	0.960	0.971	0.939
	云南	0.991	1.016	0.996	0.979	0.999	1.004	0.953	0.982
	重庆	1.033	0.997	0.982	1.022	1.005	0.979	0.995	0.992
	甘肃	0.984	0.994	1.007	1.129	1.004	1.003	1.010	0.963
	青海	1.000	1.000	1.000	1.000	1.000	1.000	1.000	1.000
	新疆	0.978	0.968	0.986	1.016	0.919	0.915	0.966	0.947
	宁夏	1.475	0.697	1.004	0.910	1.030	1.025	1.004	0.970
	均值	1.062	0.966	0.992	1.002	0.987	0.975	0.988	0.974
总平均值		1.028	0.969	0.999	0.979	0.991	0.972	0.985	0.975

资料来源：通过 MaxDEA 8 软件计算得到。

附表 4　电力消费量测度的技术进步

地区	省份	2008 年	2009 年	2010 年	2011 年	2012 年	2013 年	2014 年	2015 年
东部地区	北京	1.030	0.988	1.020	0.849	1.006	1.014	1.014	1.031
	天津	0.777	0.940	0.971	0.658	0.979	0.989	0.986	1.001
	河北	0.940	0.935	1.012	0.934	0.951	0.982	0.962	0.969
	山东	1.144	0.992	1.001	0.864	0.988	0.999	0.991	0.975
	上海	0.999	0.991	1.003	1.002	0.957	0.996	0.989	0.998
	江苏	1.087	0.998	1.010	0.956	1.000	1.003	1.001	1.000
	浙江	1.177	0.976	1.057	0.848	0.911	0.924	0.904	0.996
	福建	0.928	0.932	0.942	0.905	0.932	0.960	0.956	0.963
	广东	1.002	0.982	0.995	0.986	0.987	0.991	0.991	0.993
	海南	0.988	0.956	0.915	0.350	0.934	0.952	0.901	0.980
	黑龙江	0.945	0.687	1.013	0.959	0.994	0.996	0.984	0.978
	吉林	1.009	0.982	1.005	0.912	0.984	0.971	0.980	0.988
	辽宁	1.010	0.898	0.999	0.969	0.966	1.002	0.968	0.979
	均值	1.003	0.943	0.996	0.861	0.969	0.983	0.971	0.989
中部地区	安徽	0.970	0.914	1.004	0.937	0.965	0.988	0.963	0.956
	湖北	0.985	0.929	0.959	0.961	0.965	1.008	0.960	0.972
	湖南	0.947	0.836	0.965	0.976	0.956	1.000	0.958	0.968
	江西	0.981	0.670	1.010	0.911	1.046	1.029	1.013	1.014
	山西	0.941	0.860	1.011	0.939	1.000	1.008	0.995	1.000
	河南	1.009	0.885	0.945	0.884	0.947	0.979	0.964	0.968
	均值	0.972	0.849	0.982	0.935	0.980	1.002	0.975	0.980
西部地区	内蒙古	1.003	0.970	0.973	0.896	0.940	0.962	0.961	0.967
	陕西	1.013	0.998	1.001	0.913	0.963	0.976	0.959	0.967
	广西	0.973	0.901	1.006	0.934	0.960	0.963	0.955	0.963
	贵州	0.905	1.052	1.004	0.807	0.987	0.984	0.981	1.014
	四川	0.976	0.928	1.002	0.977	0.956	0.997	0.957	0.973
	云南	1.014	0.995	1.011	0.891	0.985	0.999	0.971	0.981
	重庆	1.014	0.997	1.012	0.897	0.992	1.002	0.996	1.007
	甘肃	0.966	0.922	1.001	0.559	0.648	1.025	1.015	1.032
	青海	0.976	0.904	0.900	0.811	0.921	0.902	0.948	1.011
	新疆	1.012	0.996	1.008	0.870	0.990	1.000	0.999	1.007
	宁夏	1.019	0.938	0.773	0.866	0.757	0.754	0.766	0.785
	均值	0.988	0.964	0.972	0.857	0.918	0.960	0.955	0.973
总平均值		0.991	0.932	0.984	0.874	0.952	0.978	0.966	0.981

资料来源：通过 MaxDEA 8 软件计算得到。